Anna Seghers, 1900 in Mainz geboren, studierte Geschichte, Kunstgeschichte und Sinologie. 1928 erhielt sie für ihr erstes Buch, ›Aufstand der Fischer von St. Barbara‹, den Kleist-Preis; er wurde ihr verliehen durch Hans Henny Jahnn. Als Jüdin und Kommunistin doppelt bedroht von den Nazis, emigrierte sie 1933 nach Frankreich, von dort weiter nach Mexiko. Ihr 1942 im amerikanischen Exil veröffentlichter Roman ›Das siebte Kreuz‹ wurde ihr berühmtestes Buch.
1947 kehrte Anna Seghers nach Deutschland zurück und nahm ihren Wohnsitz in Ost-Berlin. 1947 wurde sie mit dem Georg-Büchner-Preis ausgezeichnet.
Anna Seghers starb 1983 in Ost-Berlin.

Anna Seghers
Wiedereinführung der Sklaverei in Guadeloupe

Fischer
Taschenbuch
Verlag

Veröffentlicht im Fischer Taschenbuch Verlag GmbH,
Frankfurt am Main, März 1989

Lizenzausgabe mit freundlicher Genehmigung
des Luchterhand Literaturverlags GmbH, Darmstadt

Umschlaggestaltung: Hans Georg Pospischil
und Alfons Holtgreve
Satz: Fotosatz Otto Gutfreund, Darmstadt
Druck und Bindung: Clausen & Bosse, Leck
Printed in Germany
ISBN 3-596-29321-9

Wiedereinführung der Sklaverei in Guadeloupe

I

Die Gäste bezwangen ihren Hunger, um zuerst alles zu loben. Sie waren früh in die Berge geritten, um rechtzeitig am Versammlungsort anzukommen.
Die Nacht war still. Das Meer war hinter der Hütte nicht zu sehen und nicht zu hören. Das flache Stück Mulde lag wie ein See im Mondlicht und die Hütte an seinem Rand wie ein Boot. Es war von den Schatten einzelner, bis in die Wipfel kahler Palmen gestreift. So schwach der Wind war, er brachte ein sonderbares Geräusch zustande, indem er die Spitzen der Palmen strich: es glich dem Knistern eines geheimen Brandes.
Manon, die Negerin, brachte den Kokosschnaps, den sie gebraut hatte. Ihr Gesicht sah im Mondlicht versilbert aus. Dic beiden Männer am Tisch waren fahler bis auf die Metallstücke ihrer Uniformen. Beauvais glänzte unmerklich aus seinem weißen Gesicht. Berenger, der Mulattenkommandant, war beinahe gesichtslos, wenn er sich ins Dunkle zurücklehnte. Wenn er sich vorbeugte, schimmerte eine Gesichtshälfte

wie polierte Bronze. Ihre drei Schatten waren alle gleich, stumpf und dicht.
Manons Familie, Große und Kleine, brachten noch viele Speisen. Reis und süße Kartoffeln, Schweinefleisch, Fisch und Gemüse. Manon drängte alle vom Tisch weg. Sie waren ungefähr fünfzehn, Mann und Kinder, Schwiegersöhne und Enkel. Sie sahen befriedigt zu, wie es den Gästen schmeckte. Manon sagte: »Ich dachte gleich, als meine Jungens die Fische brachten: Der da wird für euch der richtige sein. Wenn ihr wirklich bei uns vorbeikommt. Ich legte ihn auf, als ich eure Pferde hörte. Warum ist Paul Rohan nicht abgestiegen?«
»Er ist voraus«, sagte Beauvais, »um die Leute zusammenzurufen.«
Die Aufhebung der Sklaverei war durch die Nationalversammlung schon lange beschlossen worden. Der Konvent hatte sie als Gesetz erlassen. Er hatte vor bald drei Jahren den Kommissar Hugues nach Guadeloupe geschickt, um die Trikolore auch hier zu pflanzen. Der bloße Anblick von Blau-Weiß-Rot erregte alle Menschen auf den Antillen. Die Inseln lagen im Karibischen Meer durcheinandergemengt, mit englischen, spanischen, französischen, holländi-

schen, portugiesischen Fahnen, wie sie Piraten und Abenteurer auf dem Weg nach Amerika entdeckt und besiedelt hatten. Unerschöpfliche schwarze Menschenmassen aus Afrika hatten eine Schiffsladung Arbeitskraft nach der anderen abgegeben, nachdem die Urbevölkerung in den Bergwerken und in den Mühlen zugrunde gegangen war. Seit der Französischen Revolution drehten die Sklaven ihre Köpfe in verzweifelter Hoffnung nach der vorüberziehenden neuen Fahne. Mit Spott sahen ihr die Plantagenbesitzer auf den Veranden der Villen nach und ihre Frauen und Töchter aus Hängematten.
Der Kommissar Hugues war noch auf See, als er erfuhr, daß Guadeloupe schon von den Engländern besetzt worden war. Die Aristokraten hatten sie zur Hilfe gerufen, weil sie lieber ihre Plantagen unter fremder Fahne weiter durch schwarze Sklaven bebauen ließen, als das Lilienbanner gegen die Trikolore zu tauschen. Hugues setzte die Landung durch. Er vertrieb die Engländer. Die Neger halfen ihm, wie ihre Brüder auf dem benachbarten Haiti, der jungen Republik eine Insel mehr zu erhalten. Nur diese Republik bekämpfte Sklavenhalter und Gutsbesitzer, auch wenn ihre Haut weiß war.

Manon drängte ihre Familie immer wieder vom Tisch weg. Die beiden Gäste sprachen erregt zusammen, als hätten sie sich soeben getroffen.
Sie hatten sich schon auf dem Schiff, als sie mit Hugues unterwegs waren, miteinander befreundet. Berenger war in Paris auf der Militärschule ausgebildet. Er hatte nie zu den Mulatten gehört, die ihre Gleichberechtigung ungern mit den Schwarzen teilten. In ihm waren beide, Schwarze und Weiße. Die Republik war für beide. Er stand bei der Landung und bei den folgenden Kämpfen dafür ein. Er war im letzten Jahr zum Kommandanten des Forts von Guadeloupe ernannt worden.
Er war sich lange mit seinem Freund einig gewesen in einer fast grenzenlosen Liebe zu Hugues, ihrem Kommissar. Als Hugues nach allerlei Zwistigkeiten zur Verantwortung vor den Konvent gerufen wurde, blieb Beauvais zurück bis zur Ankunft des Nachfolgers.
Beauvais rief: »Rohan ist oben!« – Der Reiter war in einer Lichtung auf dem Hügelkamm aufgetaucht. Er drehte unter dem Mond sein Pferd und sah sich um. Ein schwarzer Zentaur.
Berenger sagte: »Bis Rohan heruntergeritten ist und die Leute zusammengetrommelt hat, wer-

den drei Stunden vergehen. Wir haben solange Zeit. Rohan kann uns dann wieder vorausreiten, während wir alle anhören. Bis Ende des Monats haben wir die Insel durch. Dann lassen wir etwas Zeit vergehen, bis alles verdaut ist.«
Beauvais sagte: »Die Landverteilung wird durchgeführt, bevor der Neue ankommt.«
Manon stand hinter dem Tisch und hörte aufmerksam zu. Die Familie wartete jetzt zwischen Tisch und Hütte. Sie schlug keinen Lärm, damit Manon verstehen konnte, was ihre Gäste sprachen.
Beauvais fuhr fort: »Man hat zwar Hugues gut aufgenommen. Das Direktorium hat ihn bestätigt. Aber der neue Kommissar wird berichten, ob er die Insel in dem Zustand gefunden hat, für den man Hugues schuld gab.« Berenger sagte: »Wir können nicht in zwei Wochen ändern, was man in zwei Jahren hätte ändern sollen.«
Beauvais sagte: »Du wirst die Insel noch einmal mit mir durchreiten. An jedem Ort neben mir sprechen. Du sagst ihnen jedesmal: ›Ihr kennt mich. Ich bin der Kommandant eures Forts. Ich schütze die Felder, die von jetzt ab eure sind. Um euch das zu sagen, darum bin ich heute nicht auf dem Fort, sondern unter euch.‹«

Manon sagte: »Das versteht jeder; auch ich.«
»Wir lassen bei unserem zweiten Rundritt unser neues Gesetz über Landverteilung, Arbeitszeit, Landflucht, Lohn vor jeder Versammlung verlesen. Damit wird ein Fest verbunden sein. Der Arbeitsbeginn muß ein Fest sein. Zum erstenmal Arbeit, nicht als Sklaven, sondern auf eigenem Feld. Es muß ein Fest werden, das kein Kind im Leben vergißt. Es muß seinen Enkeln erzählen: ›Ich war dabei, als ich so alt war wie du. Es wäre niemals gefeiert worden, wenn uns nicht die Republik einen Kommissar geschickt hätte, der Hugues hieß. Er hat unsere Sklaven befreit. Sein Adjutant las von der Tribüne vor, daß niemand mehr uns die Felder wegnehmen darf. Berenger, der Mulatte, der mit uns kämpfte, stand auch dabei. Auch Rohan, der vorher ein Sklave war. Du hast noch nie einen solchen Gesang wie unseren auf dem Fest gehört, noch nie einen Tanz gesehen wie unseren auf diesem Fest.‹«
Die ganze Familie horchte. Sie bewegte die Knie. Manon sagte: »Sie machen dir gern dein Fest mit. Ob sie nachher deine Arbeit mitmachen? Sie sind daran gewöhnt, herumzuvagabundieren, und nicht einmal meinen Gemüse-

garten wollen sie jäten und nicht mal zur rechten Zeit fischen, als spränge einem der Fisch geschuppt aus dem Meer aufs Feuer.«
Baptiste, ihr Mann, trat an den Tisch. Er sagte: »Unser Fisch war immer berühmt. Die Gäste der Noailles, bevor sie aufs Gut fuhren, kehrten dafür bei uns ein.« – »Das ist bekannt«, sagte Manon, »alle wissen das längst.«
Berenger starrte auf den Gebirgskamm. Er sagte:
»Rohan wartet lange.« Der schwarze Zentaur da oben kreiselte immer noch auf derselben Stelle. Der Pferdekopf und der Männerkopf wandten sich immer wieder nach einer Richtung. Man sah im Mondlicht, wie Rohan ein Zeichen gab. Dann verschwand er im Wald. Sie hörten die Hufe bald näher. Die zwei am Tisch sahen sich an. Warum kommt er zurück? Die Frau sagte: »Auf jeden Fall eßt und trinkt!«
Das Pferd brach aus dem Wald hervor. Paul Rohan löste sich von ihm, sein Schatten vom Schatten des Pferdes. Rohans Bewegungen zeigten, daß er sich seiner Kraft und seiner Schönheit bewußt war. In seinem Gesicht lag bisweilen ein Ausdruck von Trauer, als hätte er beides vergessen. Er sagte im Näherkommen:

»Das Schiff, das ich eben sah, wird morgen hier landen. Es war in Haiti. Es kommt aus Frankreich. Das wird für dich, Bürger Berenger, heißen: Gäste empfangen. Da wirst du, Beauvais, allein mit mir reiten müssen. Wir werden den Schmied Jean Rohan – wir waren beide auf der Plantage Rohan – dazu bestimmen, an meiner Stelle von Ort zu Ort zu reiten. Er hat auch sicher schon die Menschen zusammengerufen. Er hat mich aus seinem Tal gesehen. Er wird verstehen, warum ich kehrtgemacht habe. Du, Beauvais, der Schmied und ich, wir können in diesem Monat unsere Kampagne durchführen. Der Kommissar, der auf diesem Schiff aus Paris kommt, muß bereits alles vorfinden.«
Er sah von einem zum andern. Sie dachten dieselbe Gedankenfolge, als wälzten sie zur selben Zeit einen Stein. Manon merkte, daß in den drei Männern etwas Schwieriges vor sich ging. Sie sagte beunruhigt, aber lustig: »Ein Glück, Paul Rohan, daß du doch meinen Fisch versuchst.« Sie ahnte stärker als ihr Mann, der äußerlich flinker und innerlich stumpfer war, daß alles, was diese drei Männer quälte, auf irgendeine unbegreifliche Weise mit ihr selbst zu tun hatte. Das Herz war ihr schwer. Sie sagte aber wie vor-

her: »Es ist ein Glück, Paul, daß du gekommen bist.«
Beauvais dachte: Das kann mein letzter Weg mit ihm sein.
Sie hatten sich bald nach der Landung an ihn gewandt, weil sie ihn brauchten. Denn ein großer Haufen Neger lief mit ihm, und es war kein besserer als Paul da. Die Neger waren mit ihm gelaufen, weil sie ihn brauchten. Sie liefen ihren Herren weg, und es war kein besserer als Paul da. Paul Rohan hatte im Laufe der Kämpfe so oft seinen Mann stehen müssen, er hatte so viel dazugelernt, daß er bald genau der war, den alle brauchten, und sie hätten keinen besseren finden können.
Beauvais dachte: Berenger wird auf der Insel bleiben. Einer kann dem anderen ein Halt sein. – Berenger stieg auf. Man hörte sein Pferd noch eine Weile bergab. Rohan saß jetzt auf Berengers Platz. Er aß den frisch gebratenen Fisch, den Manon vor ihn gestellt hatte. Beauvais dachte: Das Schiff hat mir sicher Post gebracht. Claudine wartet täglich auf meine Heimkehr. Sie war schon enttäuscht, weil ich nicht mit Hugues zurückfuhr, aber mit diesem Schiff werde ich zu ihr fahren.

Das war kein Grund, den Ritt durch die Insel abzukürzen. Sie würden aufbrechen, wenn Rohan die Mahlzeit beendet hatte. Beauvais hatte all die Zeit über verzweifelt auf Nachricht gewartet. Das Schiff brachte sicher einen Brief, und es war ihm bang. Er hatte selbst fest geglaubt, er bleibe nur notgedrungen zurück, weil seine Pflicht es verlangte.

Auf einmal verstand er, daß er nicht nur aus Pflicht blieb und keineswegs notgedrungen. Was auf der Insel geschah, war verworren und unklar, und es ließ ihn nicht locker. Was ihn hier festhielt, war ebenso stark wie das, was ihn heimzog. Er wurde sich darüber erst an diesem Tisch klar, im Mondlicht, das sonst mehr dämpft und versilbert als klärt.

II

Beauvais und Berenger hatten sich oft im letzten Jahr über die Zweifel ausgesprochen, die sie im geheimen quälten. Beauvais hatte sich am längsten dagegen gewehrt, das Bild des Mannes könnte beschädigt werden, dem ihre Liebe gehörte.

Der Kommissar Hugues war vor den Konvent

gerufen worden, als die Klagen, die gegen ihn einliefen, heftig und deutlich wurden.
Hugues war selbst ein Mensch von den Antillen. Er hatte seine Jugend auf Haiti verbracht. Sein Onkel, ein Bäcker, hatte das Brot für die frischgelandeten Republikaner gebacken. Deshalb war er von den königstreuen Soldaten samt seinen Söhnen ermordet worden. Hugues kam nach solchen Erlebnissen heim in die Revolution. Er stieg zum Kommissar. Er hatte Mut und Kühnheit genug, um nach einer tapferen Landung die Insel zurückzuerobern.
Die erste Zeit der Freiheit in Guadeloupe war wild und glühend gewesen. Sie hatten alle zusammen freudig, mit soviel Blut, wie verlangt wurde, den Eintritt zu dem großen Befreiungsfest bezahlt. Nach den Bränden die Freudenfeuer. Solcher Jubel, als ob die Lieder und Tänze nie enden sollten, wie die eben angebrochene neue Zeit. Die Neger zogen von einer Plantage zur anderen, auf denen sie gestern noch Sklaven gewesen waren.
In Haiti formte der Negerchef Toussaint eine große Armee aus den Banden entlaufener Sklaven. Er brach den Widerstand der Aristokraten, der Engländer und der Spanier und der auf-

ständischen Mulatten. Als Friede war, zwang er seine Neger, die niedergebrannten Plantagen neu zu bepflanzen.

Der Kommissar Hugues baute seine kleine Insel zu einem Stützpunkt für allerhand kühne und seltsame Unternehmungen aus. Es gab Beutezüge wie in den alten Zeiten, als die Freibeuter im Karibischen Meer einander Inseln und Schiffe wie Münzen abgeluchst hatten. Er überfiel vorüberziehende Schiffe, auf denen fliehende Aristokraten ihre Juwelen nach Kuba oder Jamaika brachten. Er hielt Spione in den Häfen. Er wußte über die Routen Bescheid. Jede Heimkehr wurde ein Fest.

Der Gouverneur berichtete dem Konvent, die Insel sei ein Piratennest. Hugues wurde heimgerufen. Er wurde mit seinen Anklägern fertig, wie er auch sonst mit seinen Gegnern fertig geworden war. Er drehte vor dem Gericht seine Taschen um. Er rief: »Sie sind leer. Wem ist mein Fang zugute gekommen? Mir? Den Königen? Ihren Lakaien? Er ist der Republik zugute gekommen.« Das Gericht endete mit seinem Triumph. Er wurde aber nicht nach Guadeloupe zurückgeschickt. Beauvais und Berenger, auf seinen Nachfolger wartend, blieben allein mit dem Bild des Mannes, das fast ein paar Schäden bekommen hätte.

Berenger kam atemlos, aber rechtzeitig an. Er gab alle Befehle heraus, um den neuen Kommissar zu empfangen. An der Mole und am Kai klebten wie schwarzbeerige Trauben noch mehr Menschen als sonst. Viele waren aus den Bergen heruntergekommen, als sie die Fahne erkannt hatten. Manche hatten Weib und Kind mitgebracht, Blumen und Obst, gebratene Ferkel und Hühner. Manche sprangen ins Meer und schwammen dem Schiff ein Stück entgegen, durch die Flaggenzeichen erregt, die Salutschüsse und durch den Aufmarsch der republikanischen Garde.
Was für ein Mann war der Kommissar auf dem Schiff? Berenger hatte sich darüber mit seinem Freund oft den Kopf zerbrochen. Er war der erste, den man ihnen nach dem Sturz Robespierres schickte. Nach außen war nicht soviel verändert, wie man in London gehofft hatte. Der Krieg gegen die große Koalition ging weiter. Die Befehle und die Erlasse waren vom Direktorium statt vom Konvent gestempelt. Unter den neuen Namen fehlten gerade die, die im Aus-

land besonders verhaßt waren. Ein paar tauchten wieder auf, die auch im Konvent eine Rolle gespielt hatten. Berenger, über die spärlichen Nachrichten grübelnd, waren die Kopf- und Handbewegungen eingefallen, Stirnrunzeln und Räuspern, die zu diesen Namen gehörten. Wann hat sich der Neue, der jetzt in den Hafen einfuhr, geräuspert? Wann hat er die Stirn zusammengezogen? Die Neger schrien und winkten und schwammen der Trikolore entgegen. Winde und Regen des Ozeans hatten sie ausgewaschen, nicht die Gedanken und Gefühle der Mannschaft. Die mit Spannung und Zweifel erwartete Ankunft wurde durch eine unerwartete andere gedämpft. Seine Frau, Lucienne, hatte sich nicht mehr von ihrer Familie zurückhalten lassen, da ihn seine Ernennung zum Kommandanten des Forts in Guadeloupe festhielt. Steif vor Freude und Willkommensangst schob sie ihr kleines Mädchen vor sich her gegen den Mann. Sie kam aus einer Mulattenfamilie wie er, war in Paris erzogen. An Haut und Haaren war sie aus Gold. Das Kind war eins von den Geschöpfen, die es hier gab, halb Vogel, halb Blume. Mit einem Zweig verwachsen, pfeift es plötzlich und fliegt ab, oder es starrt aus seinem schwarzen

Kelch. Berenger umarmte die Frau und das Kind, die sich ineinander und gegen ihn duckten. Ihre Lieblichkeit kam ihm so eindringlich und so sonderbar vor wie in den Träumen aus den Jahren der Trennung. Dadurch wurden die Träume erst recht eindringlich, und die Wirklichkeit wurde noch sonderbarer. Seine Freude schlug in Bestürzung um und dann in Trauer? Trauer weshalb? Daß er allzu beharrlich von etwas geträumt hatte, bis es Gestalt annahm? In einer ungebührlichen, viel zu aufdringlichen Wirklichkeit, die es über kurz oder lang zerdrücken mußte? Besser, es würde sich schleunigst wieder verflüchtigen.

Kommissar Vigneron lachte und rief: »Wir, die dürftigen Federn an Ihrem Wundervogel...« Berenger wandte sich um. Beide gingen zu den üblichen Umarmungen über. Einer der Ankömmlinge sagte: »Ich habe immer geahnt, daß die Seekrankheit pure Einbildung ist. Jetzt haben wir gelernt: Das beste Heilmittel ist eine noch stärkere Einbildung.« Lucienne war während der Fahrt mit ihrer Freude aufs Wiedersehen wie der Wind in den Segeln gewesen. Wenn sie ihr Kind zu Tisch gebracht hatte, waren die Streitigkeiten verstummt.

Berenger fiel ein, wo er dem Neuen schon in Paris begegnet war. In der »Gesellschaft der Freunde der Schwarzen«. Robespierre hatte damals im Präsidium gesessen. Alle, alle waren tief gerührt gewesen von dem Vorschlag, Freiheit und Gleichheit den Menschen jeder Farbe zu bringen. Robespierre, ja, dachte Berenger, aber dein Kopf, Bürger Vigneron, reckt sich vergnügt und stolz aus deinem Kragen.
Vigneron ließ den einmal ausgebrochenen Redestrom nicht so schnell enden. Noch ein und noch ein Schwarm von Begrüßungsworten. Freiheit hin, Freiheit her. Bürger hin, Bürger her. Rundherum guckten die Neger lachend den Fremden zu, deren Uniformen und Hüte seltsam und rätselhaft, deren Gesichter wie gefältelte oder zerknitterte Stoffstücke waren. Lucienne stand auf demselben Fleck, ihren Kopf noch dahin gebeugt, wo sie ihn vorher an ihren Mann gelehnt hatte. Berenger schwatzte jetzt unter den anderen. Vigneron nannte den Namen Hugues, seines Vorgängers, unbefangener als sich's Berenger vorgestellt hatte. Hugues war längst wieder in Ehren eingesetzt. War zum Kommissar in Guayana ernannt. Vigneron tat es leid, daß der ehemalige Adjutant, Beauvais,

auf einer Dienstreise abwesend war. Seinen eigenen hatte er krank in Haiti zurückgelassen. Berenger dachte: Vielleicht wird daraus ein Grund, daß mein Freund länger hierbleibt.
Später, bei der gemeinsamen Mahlzeit im Hause des Militärgouverneurs, kamen keine zu ernsten Worte auf. Der Empfang war zugleich der Abschied von Lucienne und der Tochter, die noch einmal zu Tisch saßen wie auf dem Schiff. Berenger brachte sie auf das Fort, in die Zimmer, die man inzwischen gerichtet hatte.
Das Fort hing an einem Hügel über dem Hafen. Aber die Zimmer, die Lucienne bewohnte, sahen nicht auf das Meer. Sie gingen auf einen kleinen Innenhof. Er war schattig und bunt und ein wenig verwildert. Berenger hörte die hellen, freudigen Schreie des Kindes, hörte die halbzahmen Vögel, die in der Brunnenschale wohnten, mit den gleichen Schreien erwidern. Die schwarze Dienerin fing das Kind auf, das unter den Kolonnaden um den Hof herumrannte. Sie hatte die Reise mitgemacht. Sie hatte schon seine Mutter großgezogen.
Berenger war es zumute, als ob er sich dieser alten Kinderfrau besonders deutlich erinnerte. Wie sie die Kleider und Haare ihrer Zöglinge in

Ordnung brachte, halb im Ernst, halb im Spaß gehorsam, wie man im Spiel auf einen kindischen Vorschlag eingeht. Auch die Schreie des Kindes, auch der Brunnen, der so beharrlich plätscherte, daß man das Meer nicht hörte, alles war wie eine Erinnerung oder wie ein lebhafter Traum oder wie die Erinnerung an einen lebhaften Traum.

Lucienne sah ihn unsicher an. Er hätte sich selbst nicht die Frage beantworten können, auf die sie nicht einmal in Gedanken kam: Warum ihn ihre Ankunft bedrückte.

III

Manon brachte allerlei Speisen, alten und neuen Rum und Schnäpse auf den Platz vor ihrer Hütte, auf dem sie vor ein paar Nächten die Franzosen bewirtet hatte.

Es war früher Nachmittag, hell und heiß. Es war kurz vor Beginn der Regenzeit. Luft und Menschen hätten noch mehr Hitze und noch mehr Helligkeit nicht viel länger ertragen können. Die Gäste drückten sich vor der Hütte zusammen. Die langen und dünnen Kokospalmen spendeten nicht einmal genug Schatten für Vögel. Trotz des klaren, reglosen, glühenden Himmels hörte man jetzt die Brandung bis herauf. Als ob ein geheimes, den Menschen unerklärliches Unwetter in der Tiefe des Karibischen Meeres brütete.

Ein paar Neger hatten nach alter Gewohnheit Taschentücher um die Köpfe geknotet. Zwei trugen Trikoloren quer über ihre blanken Leiber. Nach der drei Jahre alten Gewohnheit, seit Hugues sie zu Ortsvorstehern ernannt hatte.

Ismael, ein alter pfiffiger Neger, mit dem lichten, aber genauen Blick, den überall die Gärtner haben, sagte: »Beauvais und Paul Rohan haben sich gestern bei uns die Zungen aus dem Hals geredet.« Einer der jüngeren Brüder des Schmiedes Jean Rohan sagte: »Nachts sind sie endlich weitergeritten. Wenn sie so lange reden wollten, bis wir alle mit ihnen einer Meinung sind, könnten sie Wurzeln schlagen. Jean ist ihnen wieder vorausgeritten, um die Leute zusammenzutrommeln. Soviel Zungen haben die zwei gar nicht, wie sie brauchten, um rund um die Insel herum zu reden.«

Christophe knüpfte wie immer an seinen Freund Ismael an: »Ja, es hat länger gedauert, als sie glaubten. Ja, unsere sind nicht so dumm.« Er war Koch auf dem Gut der Noailles gewesen. Er hatte im Einvernehmen mit Ismael, dem Kräutergärtner, gelebt. Ismael hatte ihm die besonderen Zutaten für die besonderen Speisen gebracht, hatte dafür auch etwas zu schlecken bekommen. Sie waren beide auch schon damals in ihrer Freizeit manchmal zu Manon gelaufen. Hatten Rezepte und Zutaten, Neuigkeiten und Tratsch mit ihr ausgetauscht; hatten mit ihr im Küchenhof oder im Kräutergarten gehockt, wenn sie zu einem Gastmahl für ihre berühmte Fischsuppe auf das Gutshaus bestellt worden war.

Bastien Rohan, der jüngere Bruder des Schmiedes Jean Rohan, fuhr fort: »Landverteilung! Wie die sich das vorstellen. Wollen uns gleich den Spaß an der Freiheit versalzen.« Sein älterer Bruder, Christian, sagte: »Hat uns dafür der Kommissar Hugues geholfen? Daß wir wieder wie Sklaven arbeiten müssen, sobald er von der Insel weg ist?« Ein besonders groß gewachsener Neger, der zwei Brandzeichen trug, weil er als Feldsklave zweimal durchgebrannt war, auch die Striemen der Hiebe, die ihm dafür aufgezählt worden waren, schüttelte sich vor Lachen und schrie: »Meinen Rum trink ich weiter bei Manon, auch meinen Kokosschnaps. Wozu soll ich denn Zuckerrohr schneiden, wenn andere den Rum trinken? Uns genügen unsere Kartoffeln und unser Mais. Für mich brauchen sie keine Landverteilung zu machen.« – »Was für ein Unsinn«, sagte ein anderer, der so dünn und so sprunghaft wie eine Spirale war, »damit wir wieder Schiffe von all dem Zeug, Kaffee, Kakao und Zucker, nach Frankreich schicken. Nicht als Sklaven, behaupten sie, wir bekämen dafür bezahlt. Wozu bezahlt? Für eine Uniform vielleicht? Mit Litzen und Knöpfen? Oder Geräte, damit ich noch mehr arbeiten muß?« – »Ich geh weg von der Insel«, sagte Julien, der Schwiegersohn Manons, »wenn man mich zwingen will, wie früher an demselben Ort mein Lebtag zu arbeiten.« Manon erstickte vor Wut. Sie schrie: »Auf deinem eigenen Feld will man, daß du dein Lebtag arbeitest.« Ihr jüngster Sohn, der ein Freund von Paul Rohan war, sagte: »Dazu hat Hugues uns frei gemacht, daß uns unsere Arbeit was nützt. Was sie jetzt ohne ihn tun, das hätte er selbst getan, wenn er länger geblieben wäre.« – »Daß du nachplapperst, was dir ein weißer Mann einredet...« Die ganze Gesellschaft hatte inzwischen viel getrunken. Es hieß von allen Seiten: »Bring uns noch, Manon.« Manons jüngerer Sohn fuhr fort: »Wenn ich verkaufe, was ich nicht brauche, dann kann ich mir etwas kaufen. Du fragst: Wozu? Kannst du dich noch an das Boot erinnern, das der Verwalter Lamartine hatte? Wenn er zum Markt über die Bucht fuhr? Wie eine Kutsche war es, nicht wie ein Boot, als gäbe es Pferde auf dem Meer. Mit einem Dach gegen die Sonne. Meine Mutter und meine kleinen Geschwister, alle würden darin Platz haben.« Jeder Schluck, den er trank, brachte ihn auf einen anderen Einfall. Ismael sagte: »Ich war mein Lebtag Gärtner. Soll ich auf meine alten Tage Feldsklave werden, weil man mir eine Parzelle zuteilt? Nennt ihr das die Befreiung?« Nun wurden alle zornig, bis auf Christophe. »Alle Güter müssen unter uns aufgeteilt werden, das war richtig; kannst dir ja, wenn du Lust danach hast, auf deiner ganzen Parzelle Petersilie und Pimpernelle ziehen statt Mais.« Christophe war listiger als sein Freund. Zwar, er hatte auch nicht die geringste Lust, Bauer statt Koch zu spielen, er wußte aber, es war am klügsten, das Gespräch abzubiegen. »Nun, und du, Manon«, sagte er, »wirst du auf deiner Parzelle Fischsuppe ziehen? Oder hat man dich schon in das Gouvernementspalais bestellt, um dem neuen Volkskommissar deine Fischsuppe zu kochen?« – »Noch nicht. Aber vielleicht demnächst«, sagte Manon wütend und kalt. »Übrigens schmeckt sie dir auch nicht schlecht. Wenn du deiner Frau soviel Kinder gemacht hättest wie mir mein Baptiste, hättest du keine Sorgen, wer dir dein Land bestellt. Uns morschen Knochen ist auf jeden Fall etwas Ruhe zu gönnen.« Christophe knurrte: »Deine sind vielleicht morsch.« Baptiste, der wie gewöhnlich stumm dabeistand, platzte auf einmal los: »Ihr habt die alte Zeit vergessen. Nur eure Kräutchen und Süppchen sind euch noch im Gedächtnis. Auf den Gastmählern, wenn die Noailles, das Weibsstück, aus Paris hierherkam.«

Christophe rief: »Dieser Paul Rohan hat euch den Kopf verdreht. Seit er bei den Jakobinern zu Ehren kam und an dem Kommissar geklebt hat und an dem Beauvais und an diesem Mulatten.« Bastien Rohan rief: »Wie sich dieser Mulatte aufgebläht hat! ›Mein Fort beschützt eure Felder, ich beschütze euer Land!‹ So einer will uns Neger beschützen!« – »Halt dein Maul«, sagte Manon,

»du aber auch, Baptiste, denn du verstehst überhaupt nicht, mit diesem Pack zu reden. Ich nenne Pack, was von Hugues spricht, wie es Lamartine tat, der Verwalter seligen Angedenkens. Habt ihr Sehnsucht nach ihm? Habt ihr Sehnsucht nach seinem Hund? Nach seinem Käfig vielleicht, in dem der alte Demian vor unseren Augen verreckt ist? Du vielleicht, Bastien Rohan, sag's! Man kann dich sicher hinüber nach Martinique schicken, dort kannst du deine Noailles noch genießen, denn dort haben sie fertiggebracht, was Hugues ihnen bei uns versalzen hat. Die Neger schwitzen dort weiter. Der Engländer sitzt im Fort, kein Mulatte. Damit unsere Neger weiter Blut schwitzen können.«
Manon war heiser. Ihre Augäpfel rollten vor Wut. Die Gesellschaft war still, bis Bastien sagte: »Dich hätte Beauvais mitnehmen sollen statt Paul.« Ein anderer sagte: »Manon, du mußt aber zugeben, es waren andere Zeiten, solange Hugues noch hier war. Wir waren richtig frei. Wir hatten etwas davon.« Ein Bursche erwiderte noch, bevor Manon dazu kam: »Wir sind jetzt frei. Wir haben etwas davon. Wenn es wächst, haben wir noch mehr. Das Unkraut hat zuerst ausgerupft werden müssen.« Er war ein

Mensch, der selten etwas sagte. Wenn er es einmal tat, sagte er nichts Besonderes. Das Besondere war höchstens, daß die anderen ihr Geschwätz unterbrachen. Die zwei Alten, Ismael und Christophe, gingen bald miteinander heim, ohne daß man darauf achtgab.
Sie gestanden sich ein, sobald sie allein waren, in der Sklavenzeit sei ihr Leben schöner gewesen.

IV

Beauvais, nach seiner Rückkehr, besuchte den Kommissar. Er gab ihm unverblümt seinen Bericht, um an der Wirkung zu sehen, was für ein Mann der Neue war. Vigneron war aber nicht der Mann, auf den irgendwelcher Bericht eine sichtbare oder geheime Wirkung ausüben konnte. Er war prall voll von sich selbst, als ob er schon im voraus jeden Bericht übertöne.
Paul Rohan, der mit Berenger kam, betrachtete Vigneron schweigend. Der war nach einer seltsamen Mode sorgfältig gekleidet. Beauvais stellte Rohan vor, seinen unentbehrlichen schwarzen Freund.
Vigneron umarmte ihn mit einer breiten Geste,

dem großangelegten Symbol eines Willkomms. Er war unsicher durch den ihm unerklärlichen Ausdruck in dem jungen Gesicht. Eine Art Schönheit, die er sich nicht vorgestellt hatte, vermischt mit einer Art Strenge, die er sich auch nicht vorgestellt hatte. Paul Rohan war kalt. Er dachte mit Schreck an Beauvais' Abfahrt. Er horchte auf, als Vigneron sagte: »Ein Glück, Beauvais, daß Sie endlich zurück sind. Mein junger Freund, mein Begleiter, blieb krank in einem Spital in Haiti. Wollen Sie mir ihn bitte einstweilen ersetzen.«

Vigneron fuhr aber fort: »Also, ich bitte Sie, sich noch ein wenig mit uns zu gedulden. Das wird Ihnen der Brief erst recht schwermachen, den ich Ihnen hier mitgebracht habe. Eine magere Überraschung, mit der verglichen, die für Berenger bestimmt war. Ich glaube, Sie sind dafür bald reichlich entschädigt. Sie sind der Glückspilz. Sie fahren zuerst heim.«

Er brachte lächelnd den Brief zum Vorschein, an den Beauvais gedacht hatte, seit er an das Schiff dachte. Die letzten Tage hatten ihn noch mehr mit der Insel verknüpft. Der bloße Anblick der Schrift machte ihn bang, als wäre er zwischen zwei Seile gespannt.

Paul ging zu seiner Familie. Sie waren alle zusammen, nachdem sie die Sklavenquartiere auf dem Gut Rohan verlassen hatten, an den Stadtrand gezogen. Die Schwiegereltern, die Frau, die Kinder, die jüngeren Geschwister der Frau. Er hatte in den letzten Jahren der Sklaverei Claire nicht heiraten können. Sie waren alle Feldsklaven bei den Rohans gewesen. Der Verwalter war geldgierig und tausch- und geschäftstüchtig. Seine Frau, eine spöttische Schönheit, trat gern als Vorsehung auf. Sie liebte es, Ehen zu stiften und Liebespaare zu trennen. Ein Zufall brachte sie auf die Liebschaft. Sie legte ihrem Mann den Gedanken nahe, das Mädchen günstig gegen ein anderes auf dem Gut Noailles zu tauschen.

Obwohl die Geliebte Rohans, Claire, mit ihrer ganzen Familie plötzlich verpflanzt worden war, getauscht gegen eine andere Familie, mit Aufzahlung einer gewissen Summe an den Verwalter, weil der Tausch für das Gut Rohan vorteilhaft war, nahm sie dort keinen anderen Freund. Paul Rohan gab sie nicht auf; man fing auch gerade in dieser Zeit an, von der Befreiung zu sprechen. Zuerst nur, wie man von einem Traum spricht. Dann brachten die französischen Schiffe Nachrichten von den Bauernrevolten, vom dritten Stand, der die Bürger vertritt. Die Nationalversammlung hob die Leibeigenschaft auf. – Es gab auch auf Guadeloupe kleine und mittlere Bürger. Sie hatten Werkstätten, Ämter, Geschäfte. Jetzt steckten sie die Kokarden an, die ihnen französische Seeleute brachten. Sie nannten sich Patrioten. Die Aristokraten weigerten sich, von ihrer Macht ein Tüpfelchen abzugeben. Sie weigerten sich, die Sklaven freizulassen. Und alle Kämpfe gingen dem Rohan tief ins Blut. Die Freiheit auf Generationen, das war für ihn zusammengeschmolzen mit dem Mädchen, das der Verwalter vom Gut Rohan an das Gut Noailles verkauft hatte. Paul Rohan lachte an diesem Abend und spielte mit seiner Frau und seinen drei kleinen Kindern. Die ganze Familie war lustig bis auf Suzanne, die jüngere Schwester. Sie schwieg, weil Beauvais, der weiße Franzose, nicht mit ihrem Schwager gekommen war.

Beauvais war auf das Fort geritten. Sobald er allein war, las er den Brief, den ihm Vigneron mitgebracht hatte. Die Ankunft des Kommissars, sein Ritt durch die Insel, alles, was damit zusammenhing, war von dem Brief zugedeckt. Er hatte in einer kleinen Stadt an der Oise, nicht weit von Paris, die Heirat für den Tag seiner Rückkehr ausgemacht. Er sah das Mädchen so vor sich, wie er sie zuletzt an der Poststation erblickt hatte, bevor ihn die Kutsche zum Hafen brachte. In einem Schwarm abschiednehmender Frauen. So winzig klein wie ein Kind, das von Erwachsenen zerdrückt wird. Sie hatte, als er schon im Wagen saß, noch ein paarmal den Arm gehoben und wieder fallen lassen, bevor es zum Winken gekommen war. Sie hatte zuletzt mit hängenden Armen auf der Straße gestanden. Er hatte auch nachher gefühlt, daß sie noch immer der Ecke nachsah, hinter der der Wagen verschwunden war, als könnte sie es nicht fassen, daß ihr Freund endgültig fort war. Wie dieser zum Winken erhobene und wieder abgeglittene Arm waren auch ihre Bewegungen, ihre Schritte, selbst ihre Stimme brüchig gewesen wie reines, ganz leichtversehrtes Glas. Er hatte sich gleich das erstemal tief gewundert, daß sie ihn geduldig erwartet hatte, und dann, daß sie bei ihm geblieben war, als hätte sie sich noch im letzten Augenblick verflüchtigen können.

Das Mädchen war deutlicher in seinen Träumen geworden als es je im Leben gewesen war. Die Schrift, die dünn und geknickt wie ein feines Gras war, kam ihm weniger zweifelhaft vor, weniger flüchtig; solange er diesen Brief las, glaubte er selbst, sein wirkliches Leben stecke darin. Er malte sich das Gartenhaus aus, das die Braut für ihn einrichtete. Er rechnete sogar aus, auf wieviel Wochen er seine Rückkehr im schlimmsten Fall verschieben müßte. Als er nach zwanzig Minuten bei Berenger saß und wie ein Dritter seinen eigenen Bericht anhörte, war ihm wieder zumute, als reite er von einer Negerversammlung zur anderen, als stecke er wieder in ihrem Tumult. Wie er das Für und Wider in Berengers Augen glimmen sah, kam es ihm unbegreiflich vor, daß er in wenigen Wochen nicht mehr hier sein sollte. Berenger rief, was er noch nicht zu denken gewagt hatte: »Vigneron kann noch nicht ohne dich auskommen. Vielleicht kannst du bleiben.«

Dann gestand Berenger, seine Frau sei zurückgekommen. Er brachte ihn in den kleinen Hof. Lucienne hatte sich unterdessen eingenistet. Braune und graue Tauben vergnügten sich aus ihren offenen Käfigen mit den wilden Vögeln im

Brunnenbecken, mit denen sie sonst im Freien nicht spielten. Allerlei Pflanzen machten sich, noch gefräßiger als die Vögel, über jeden Fleck Erde her und über jede Ritze im Stein. Lucienne begleitete ihren Mann nur ungern auf einem Gang oder Ritt. Die Ankömmlinge waren enttäuscht, wenn sie gehofft hatten, ihre Reisebekanntschaft könnte in Guadeloupe andauern.

Beauvais nahm das Kind auf sein Knie. Die Frau kam ihm kostbar und sonderbar wie ihre Pflanzen und Tiere vor, aber unwünschbar und unbesitzbar.

Berenger sagte: »Wenn du zugibst, es sei günstig, daß Vigneron selbst dich bittet, länger bei uns zu bleiben, warum läßt du dann deine Braut nicht herkommen?« Beauvais antwortete: »Nein. Unser Haus ist schon gerichtet.«

Berenger sagte: »In unserer Zeit sind oft Häuser gerichtet worden, in die niemand einzog.«

Beauvais wußte von selbst, seine Antwort war sinnlos. Claudine kam ihm plötzlich zäher und härter vor. Sie würde ihr Leben nie in einem Innenhof dahingehen lassen mit noch soviel Blumen und Vögeln. Sie war auch nicht ewig auf der Poststation stehengeblieben, klein und bleich mit hängenden Armen. Sie hatte einmal heimgehen müssen, sie hatte einmal die Arme recken müssen; sie war sicher bald auf die Märkte und die Geschäfte gelaufen, um zahllose nützliche Dinge für ihr gemeinsames Haus zu kaufen. Ihre Hände waren inzwischen so wenig müßig gewesen wie ihre Gedanken.

V

So sah der Anfang des langen Kampfes aus, den Beauvais die nächste Zeit in seinem Inneren führte. Der Brief lag auf der einen Seite, die Insel auf der anderen. Das Schiff brachte statt Beauvais den Adjutanten krank nach Hause zurück, der sein Nachfolger hätte werden sollen.

Vigneron ließ sich ganz gern ein gut Teil Arbeit von Beauvais abnehmen. Der ritt, Woche für Woche, von Paul Rohan oder dem Schmied Jean Rohan begleitet, die Insel von Ort zu Ort ab. Er brauchte die ganze Gewalt seiner Überzeugung, auch seine ganze physische Kraft, um die Haufen zerstreuter Neger zusammenzulocken.

Sie waren durch bald zehn Jahre Krieg und Verwirrung aufgestört, sie waren an Abenteuer gewöhnt. Sie haßten die gewöhnliche, harte Arbeit auf einem Fleck. Der Schmied Jean Rohan wurde von seinen eigenen Brüdern gehaßt, weil er ihnen drohte und sie zur Arbeit zusammenhielt. Sie glaubten ihm nicht, wenn er sagte: »Wir sind nur in der Republik frei. Die Republik braucht unseren Kaffee und unseren Zukker. Sie kauft dafür Schiffe und Kanonen.«

Das nächste Schiff brachte Beauvais noch nicht zu seiner Braut. Er faltete ihren alten Brief klein zusammen und steckte ihn in den Stiefel wie eine Konterbande. Der ferne, friedliche Teil des Lebens hatte ihn auf seine Seite geschmuggelt. Auf einmal kam es ihm wie ein Verrat vor, nach der anderen Seite hinüberzuwechseln.

Paul Rohan war glücklich, daß Beauvais einstweilen blieb. Er hatte Vertrauen zu ihm, er saugte gierig aus ihm heraus, was es Lernbares gab. Er hatte Beauvais versprochen, lesen und schreiben zu lernen.

Er stieg oft hinauf zu Manon. Er kannte sie seit seiner Kindheit. Da war sie manchmal in seine Sklavenbaracke gekommen, um jemand zu besuchen. Er selbst, er hatte keine Familie. Er hatte früh seine Mutter verloren, vielleicht schon bei seiner Geburt. Sie hatte ihn vielleicht in der Baracke zurücklassen müssen. Darüber hatte er manchmal als Kind verschiedene Gerüchte gehört, doch keine der Sklavenfamilien, in denen er aufwuchs, hatte Genaueres gewußt. An welchen Brüsten hatte er Milch bekommen? Wer war sein Vater, der zu der Frau gehört hatte, die bei einer Seuche verendet war oder bei einem Erdbeben vor zwanzig Jahren, das von einer Springflut begleitet gewesen war? Er hatte als Kind ganz langsam seine Daseins verstanden. Eines Daseins zwischen Baracke und Kaffeestauden und später zwischen Baracke und Zuckerrohr, als er Kraft genug hatte, eine Machete zu schwingen. Des Daseins eines Sklaven. In einer Welt, die so war wie sie war. Mit Herren, die weiß, mit Sklaven, die schwarz waren. Das unaufhörliche Lied bei der Arbeit, das Schnurren der Peitsche. Dazwischen auch Spritzer von Glück. Das Feuer abends im Quartier und Tänze bis in die Nacht und heiße oder traurige Lieder. Er hatte lange gebraucht, sich abzuheben als einer, der in dem gemeinsamen Leid ein besonderes Leid hatte und ein eigenes Glück, für sich allein und eine besondere eigene Liebe, die ihn allein etwas anging. Blutsverwandte hatte er nicht gekannt. Dafür hatten einzelne fremde Menschen, die gut zu ihm waren, ihr Blick, ihr

Lächeln, ihr Streicheln einen gewaltigen Eindruck auf ihn gemacht.
Manon hatte er darum so wenig vergessen wie andere die Mutter oder die Patin. Er hatte durch sie zum erstenmal irgendwann gespürt, wie der Druck einer fremden Hand auf dem Kopf tut, grundlos, nur aus Güte. Sie hatte ihm vielleicht schon einmal, viel früher, Gott weiß wann, ihre Brust geliehen, als sie nicht gerade von einem eigenen Kind besetzt war. Und später zweimal Nachricht von seiner Geliebten auf dem Gut Noailles nach dem Gut Rohan gebracht. Sie hatte immer ein Bruchteil mehr Freiheit als die Feldsklaven besessen. Sie hatte miterlebt, wie sich Paul sein Mädchen zurückholte. Es tat ihr wohl, daß Paul zu Ansehen und Ehren gekommen war.
Er stieg bei ihr ab, wenn er durch die Berge in den unteren Teil der Insel ritt. Sie schwatzten. Manon beklagte sich über ihren Mann. Er kümmerte sich kaum um das Feld, er hockte lieber mit seinem Schwiegersohn im Fischerboot auf dem Meer. Zwei ihrer Söhne lagen ihr auch immer in den Ohren, sie hätten gar keine Lust, sich abzurackern. Sie hätten an den Fischen genug, an den Hühnern, am Schwein und an

dem kleinen Gemüsegarten. Dazu der Kokosschnaps, den die Mutter braute. Der Rum, den man gegen überflüssigen Kokosschnaps tauschte.

Da war noch ihr Sohn am entgegengesetzten Zipfel der Insel. Baptiste war nicht sein Vater, sondern ein Sklave von Maria Galante. Der hatte Manon als ganz junges Ding genommen. Bei einer Ernte, zu der ihn sein Herr, der zusätzliche Sklaven brauchte, von der Nachbarinsel verfrachtet hatte.

Der Sohn war aber der beste und stärkste ihrer Söhne. Er hatte immer soviel wie drei andere geleistet. Ein Wunder an Kraft und Geschicklichkeit. Er sei jetzt, erzählte Manon, überraschend schnell mit seinem eigenen Stück Land fertig geworden. Bei ihm sei etwas anderes schief. Er sei von klein auf an ungeheuer viel Arbeit gewöhnt. Ein Nachbar, einer von Ismaels Sorte, ein Schlappschwanz und Faulpelz, hätte sich mit ihm geeinigt. Der jüngere sorge gegen ein kleines Entgelt, denn frei ist frei, auch für die Felder des Nachbarn. Bei dieser Regelung könnte auch nichts Gutes herauskommen. Ismael hätte sich nur einen Garten angelegt. Der sei für richtige Arbeit nicht zu haben. Paul

Rohan erklärte ihr, was ihm Beauvais erklärt hatte: Die Neger kämpften seit dreihundert Jahren um soviel Freizeit, als sie brauchten, um ihren eigenen kleinen Garten zu bestellen, damit sie ihre Familie ernähren konnten. Das Höchste, was ihnen die Könige zugestanden, waren eben diese paar Stunden Arbeit auf diesem Stück Gartenerde. Auch dieses Zugeständnis hatten die Gutsbesitzer umgangen. So daß es kein Wunder war, wenn sie sich freuten, nichts anderes als eben das zu tun.

Das Fest, das Beauvais einmal veranstalten wollte, war nicht zustande gekommen. Die Arbeit hatte nicht plötzlich wieder beginnen können. Der Widerstand war zu zäh gewesen. Es hatte ihm damals vorgeschwebt, die niedergebrannten Plantagen müßten sofort gerodet werden, nachdem sie gerecht verteilt worden waren. Jeder würde auf seinem Stück zu pflanzen beginnen und bei der ersten Ernte in Freiheit so schnell wie nie das Zuckerrohr schneiden.
Inzwischen war es noch schwerer geworden, der Wildnis wieder abzuverlangen, was sie sich genommen hatte. Sie wucherte überall hinein, wo ein Stück Erde unbewacht war. Der Urwald

hatte von jeher gelockt mit seiner maßlosen, manchmal tödlichen Freiheit, trotz furchtbarer Strafen. Er lockte erst recht, wo es kein Verbot mehr gab und keine Strafen.

Es gab aber auch schon einzelne Pflanzungen, die wieder instand gesetzt worden waren. Die neuen Besitzer wurden zuerst verspottet und ausgelacht; dann wurde ihr Beispiel nachgeahmt. Die erste Ernte säte schon eine zweite reichere im selben Jahr. Es gab wieder einzelne volle Märkte.

Der Adjutant, der Beauvais ersetzen sollte, war angekündigt. Beauvais schrieb seiner Braut, die Heimreise stünde jetzt fest. Claudine hatte all die Jahre bald enttäuscht und verzweifelt, bald geduldig und traurig erwidert. Sie spottete jetzt zum erstenmal, sie traue nur seiner Heimkehr, wenn sie ihn vor sich sehe.

Beauvais hatte sich vorgestellt, sein Aufenthalt reiche nicht mehr aus, ihre Antwort in Guadeloupe abzuwarten. Anfang Dezember 1799 brachte ein Schiff das Gerücht, bei seiner Ausfahrt aus dem französischen Hafen sei eine Nachricht verbreitet worden, die auch nicht viel mehr als ein Gerücht war.

Der General Bonaparte sei überraschend aus

Ägypten zurückgekommen. Er sei sofort nach Paris gefahren. Was später daraus geworden war, wußten die Schiffer nicht. Nur, daß die Menschen auf ein Ereignis gewartet hatten. Sie waren hungrig und unzufrieden. Sie waren durch die letzten Gesetze besonders gegen das Direktorium eingenommen. Bonaparte war der junge Offizier, der die Revolutionsarmee von einem Sieg zum anderen geführt hatte. Der Zeitpunkt war gut gewählt. Zehn Jahre nach Ausbruch der Revolution.

Die ersten Verordnungen, die nach Guadeloupe kamen, hatten nichts Freiheitsfunkelndes in sich. Den alten Ortsvorstehern in Stadt und Land wurde gekündigt. Sie waren aus der Bevölkerung gewählt. Sie sollten ihre Geschäfte weiterführen, bis die Regierung neue ernenne. Berenger wurde bestätigt. Er wurde daran erinnert, er habe in keinem Falle die Befugnis, einer zivilen Behörde zu folgen. – Wahrscheinlich dachten viele daheim, was Vigneron sagte: »Wir haben seit 1789 genug erreicht. Man muß jetzt sichern, was wir erreicht haben.«

Berenger hatte einen Adjutanten, der wie er selbst Mulatte war. Der sprach in der Art von arglosen Jungen: »Für uns Mulatten ist nichts zu befürchten. Mit den Negern ist es etwas anderes.« Berenger fragte: »Was willst du damit sagen?« – »Daß Bonaparte sie nie leiden konnte. Daß er sich immer geärgert hat, wenn einer von ihnen zu etwas ernannt wurde oder befördert.« Berenger hörte aufmerksam zu. Er ließ den Jungen dahinreden. »Wie viele von uns Mulatten haben sich ausgerechnet, der schwarze Bestandteil ihrer Haut sei kaum mehr der Rede wert. Wir haben geradezu darunter gelitten, nicht wie die Weißen behandelt zu werden. Es hat ihnen nicht in ihren Kram gepaßt, daß man den Schwarzen genausoviel Rechte wie ihnen gab. Es kam ihnen dabei vor, sie würden wieder einmal wie die Neger behandelt. Das weiß der Konsul. Das nutzt er...« Berenger hörte kaum mehr zu. Das war bis jetzt alles Gefasel. Er grübelte über die Verordnungen nach, die auf dem Papier vor ihm lagen: »Die Anweisungen der letzten Regierung sind bis auf weiteres ungültig.« Dann eine Aufzählung aller Ausnahmen. Zum Beispiel, was sein Kommando anging, so war es nicht ungültig geworden. Es gab vermutlich Leute genug in Paris, die sich für ihn eingesetzt hatten. Er hörte in allen Ämtern die Stimmen mit den Papieren rascheln, auf denen sie

neue Namenslisten zusammenstellten. Ein ausgezeichneter Offizier. Bei uns auf der Militärschule ausgebildet. Hat sich bei der Landung ausgezeichnet. Hat sich im Kampf gegen die Engländer mehrmals ausgezeichnet.
Es gab einen Zusatz zu den Verordnungen, der ihn auf einmal beunruhigte: »Sind bis auf weiteres ungültig. Die Maßnahmen sind in Vorbereitung, die die Veränderung eines Zustandes bezwecken, der für die Nation untragbar geworden ist.«
Berenger machte seinen Abendrundgang. Er wurde gegrüßt und grüßte. Er nahm die Meldungen an. Er gab Befehle. Der Abschluß des soldatischen Tages. Die Hornsignale, auf die die Dunkelheit wie auf Kommando fiel, so plötzlich, wie sie in dieser Zone fiel. Er hörte bei seinem Rundgang in einem fort über Insel und Meer seine eigene Stimme, als töne sie hinter ihm her, über die eigene Schulter: »Ich werde eure Arbeit beschützen, ich bin mit Beauvais heute zu euch gekommen, um euch zu versprechen: Mein Fort wird eure Felder beschützen.« – Er schleifte die horchende Masse wie einen Schatten neben sich her. Der bloße Klang seiner Stimme bändigt die Menschen. Die Aufregung legt sich. Die Zähne

schimmern in vieler Art Lächeln. Die vordersten Gesichter sind ernst und feierlich. Dahinten in einer Ecke wird einer unruhig. Aus Mißtrauen oder aus Spott. Berenger spürt es, weil er die Menge kennt. Er kennt sogar diesen Menschen. Er zwingt ihn mit seiner Stimme. So daß er die Versammlung nicht stört und sich ruhig verhält. Nur seine Augäpfel läßt er rollen, während Berenger noch einmal alles von vorn erklärt. Seit wann seid ihr frei? Wer hat euch geholfen? Warum seid ihr nicht mehr Sklaven?
Er kehrte durch viele Laufgänge, Kasematten und Treppen in seine Wohnung zurück. Der Himmel in den Gucklöchern und in den Toren war rot, blaßte schnell ab, wenn er darauf zukam. Die Sterne glänzten schon, als er in tiefen Gedanken, ohne auf Frau und Kind zu achten, durch den letzten Innenhof lief.
Die schwarze Dienerin Jacqueline schloß seine Tür. Sie spannte die Fliegennetze, zündete Kerzen an. Dann ging sie hinaus, nahm Mutter und Kind an den Händen, führte sie in ihr Zimmer und kleidete sie für den Abend um. Lucienne fragte: »Er ist nicht froh?« Die Dienerin sagte: »Nein.« Lucienne war das Herz so schwer wie die Luft, seit der Mann zurück war. Ihr Kind

spürte es auch. Es hüpfte nicht, schrie nicht und pfiff nicht. Jacqueline sagte: »Macht keine Scherze, wenn ihr zu ihm hineingeht, lacht nicht, seid auch nicht traurig. Fragt nichts.«
Jacqueline ging wieder hinüber. Sie stellte die Gläser zurecht. Sie rückte die Stühle. Sie war ihrem Herrn zu fremd, um ihn durch ein schiefes Wort enttäuschen zu können. Sie war ihm so tief vertraut, daß sie keine Scheu hatte. Sie fragte ihn: »Was fehlt dem Herrn? Keine Krankheit? Ein Arzt kann ihm nicht helfen. Er sollte sich mit dem Pater Dumerque aussprechen. Das taten früher die meisten Herren und viele noch jetzt.« Berenger erwiderte sanft: »Gewiß, Jacqueline, das würde ich wirklich tun, wenn ich es nicht schon getan hätte.«
Jacqueline war erstaunt, weil Berenger so etwas von selbst getan und weil es offenbar nichts genützt hatte.
Die Jesuiten hatten den Pater Dumerque vor vierzig Jahren hierhergeschickt. Sein kühler, von Bibliotheken umgebener Garten war während des Aufstandes eine friedliche kleine Insel inmitten der großen geblieben, die einem brennenden Schiff glich. Er hatte niemals an Weggehen gedacht, auch nicht, als die Gutsbesitzer

auf den letzten englischen Schiffen flohen. Der Untergang der Aristokraten, die er als Bibliothekar und Lehrer durch und durch kannte, erschien ihm längst unvermeidlich. Er hatte, solange er hier war, versucht, den Negern klarzumachen, daß Geldgier, Vergnügungssucht, Machtsucht und Grausamkeit kein Merkmal der Christen weißer Farbe zu sein braucht. Sogar sein Orden hatte die Sklaven freigegeben, die eine Anzahl Jahre im Kloster beschäftigt gewesen waren. Sein Gärtner war ein freigelassener Sklave.

Er war unter Büchern und Blumen und Negerschülern, denen er das Lesen beibrachte, ein Greis geworden. Er war vertraut mit den überraschendsten Wendungen. Der Konsul hatte gefragt, wieviel der Staat aus den Antillen seit der Negerbefreiung gewinne. Berenger hatte mit ihm über diesen Bericht gesprochen. Was konnte man Gutes von einem Mann erwarten, der an dem Gold, das die Schiffsladungen Kaffee und Zucker wert waren, den Wert der Freiheit abmaß?

Berenger trank das Glas leer, das Jacqueline vor ihn gestellt hatte. Lucienne kam mit dem Kind. Sie war gelassen und heiter, sie hatte sich hinter das Ohr eine Blume gesteckt. Es wurde ihm leichter bei ihrem Anblick. Er breitete seine Arme aus.

VI

Die Neger, die auf den Bergen wohnten, hatten das Schiff zuerst erkannt. Als sie zum Hafen hinunterstiegen, nahmen sie Frauen und Kinder mit und Körbe mit Obst und gebratenem Fleisch und Fisch. Die Neger in den tiefer gelegenen Dörfern schlossen sich ihnen an.

Als das Schiff in den Hafen einfuhr, hingen Trauben von schwarzem Volk an der Mole wie bei jeder Ankunft.

Die Trikolore war auch dieselbe Fahne wie die, die der Kommissar Hugues, von Kugeln empfangen, in Guadeloupe gepflanzt hatte.

Die Offiziere und Beamten an Bord betrachteten lächelnd die gleichfalls lächelnden Neger, die zur Begrüßung heranschwammen.

Die erste Schaluppe brachte die wichtigsten Ankömmlinge vom Schiff an Land. Vigneron umarmte den Mann, der sein Nachfolger werden sollte. Sie wechselten die bei solchen Gelegenheiten üblichen Willkommensworte. So tat

Beauvais mit dem Adjutanten. Die Neger drängten sich um sie herum, von dem Empfang belustigt, der unterhaltsam wie jeder Empfang war. Vigneron erklärte genau, warum Beauvais, der schon der Adjutant Hugues' gewesen war, bis heute geblieben sei. Der neue Beamte hörte sich höflich diese Erklärungen an, die ihm bekannt oder langweilig waren. Er, Boisseret, sei nur Spezialbeauftragter seiner Regierung auf eine befristete Periode. Hier, Fabien, sein Sekretär und Vertreter, früher sein Adjutant im italienischen Feldzug. Das glaubte man Fabien eher als Boisseret. Der war im Krieg zwar nicht ganz, aber halb erwachsen geworden. Für Boisseret waren die Kriegszüge den gefährlichen Reisen ähnlich gewesen, auf denen die Söhne angesehener Kaufmannsfamilien zu leben lernen. Er warf sich am selben Tag mit Fabien in die Besprechungen und Berichte, die ihm Vigneron vorlegen konnte. Beauvais ließ Paul Rohan holen und stellte ihn vor. Fabien und Boisseret begrüßten ihn höflich. Beauvais war sogar ruhiger als vorher, weil er nicht den geringsten Anlaß zu seinem Argwohn fand.

Paul Rohan war nicht ruhiger. Er sagte auch später zu Beauvais nichts darüber, warum sich sein Argwohn nicht im geringsten vermindert hatte. Der Grund war ohnedies nicht erklärbar: das winzige Stutzen, als Beauvais den Neger vorgestellt hatte, der seine Angaben ergänzen sollte. Dann, bei der Umarmung, in beiden Gesichtern eine Spur von Belustigung. Er konnte daraus die geheime Order erraten, die sie auf den Weg bekommen hatten: zuerst alles beim alten lassen, sich von jedem Urteil zurückhalten. Paul Rohan wußte, mit welcher Befürchtung Beauvais und Berenger die Ankömmlinge erwartet hatten. Soweit sie laut davon sprachen, ging es um eine Einschränkung der Freiheit der Neger. Begrenzung der Bürgerrechte. Was für Ereignisse sich auch im Osten in dem Land abspielten, das ihm unbekannt war, wie die Ereignisse auch verschieden erklärt wurden, für ihn war es leicht, sich ein Urteil zu bilden. Viel leichter als es für die war, die mitten darin steckten. Was auch geschah, es mochte noch so verzwickt und unklar sein, kam für ihn auf eine Frage heraus: Behalte ich meine Freiheit? Kann es je wieder möglich werden, daß mich ein Aufseher mit der Peitsche zur Arbeit treibt, mir, wenn ich ihm nicht gehorche, ein eisernes Band um den Hals legt?

Soviel befürchteten seine weißen Freunde vielleicht noch nicht. Soweit ging ihre Einbildung nicht. Paul Rohan hatte schon als Kind gemerkt, daß weiße Männer, wenn sie die Macht dazu hatten, geradezu alles fertigbrachten, wozu sie Lust hatten.
Er ging am Abend zu Dumerque, um lesen und schreiben zu lernen, wie er es Beauvais versprochen hatte. Dumerque fragte nichts. Rohan erzählte ihm nichts. Sie hatten sich einer des anderen durch einen Blick versichert. Rohan genoß die Kühle und Stille, die Streifen des letzten Sonnenlichtes. Er freute sich, wenn ihn der Pater lobte. Er war auch endlich beim Lernen um die schwerste Klippe gekommen: die einzelnen Buchstaben, die er längst kannte, zu Wörtern zusammenzuziehen. Sie lernten angestrengter denn je. Wenn sie einen Augenblick aussetzten, fiel die Zukunft wie ein Gewicht auf beide.

VII

Fabien, der Sekretär Boisserets, hatte Beauvais einen Brief seiner Braut aus Frankreich mitgebracht. Beauvais lud ihn zum Abendessen an denselben Ort ein, an dem er in der Nacht vor der Ankunft Vignerons mit Berenger gesessen hatte.

Fabien, das hatte Beauvais rasch beobachtet, war Herz und Seele mit seinem Chef. An Abenteuer gewöhnt wie an Pfeffer, war er auf ein Absonderliches erpicht. Der Mond schien wieder so hell, daß Beauvais die lustigen Pünktchen von Neugierde in den Augen seines Begleiters erkannte. Er hatte ein wenig zu hastig nach dem ihm bestimmten Brief gegriffen. Sein Herz zog sich bei den ersten Buchstaben zusammen, bevor sein Kopf den Inhalt begriff, als stecke in der Schrift selbst etwas Unfaßbares, Kaltes, vor dem er wie vor einer Drohung auswich. »Ich soll Dich, mein lieber Beauvais, in drei Monaten wiedersehen. Du weißt, schon zweimal war alles zu unserer Hochzeit gerichtet. Ich weiß nicht, warum Du dann noch nicht gekommen bist. Ich habe niemals verstanden, was Du mir über die Gründe schriebst. Ich habe, sei nicht böse, auch nie an diese Gründe geglaubt. Der Kommissar soll seine Aufgabe ohne Dich nicht bewältigen können? So etwas ungefähr hast Du doch geschrieben. Und bist freiwillig geblieben. Ich war zu verzweifelt, um zu weinen. Ich weiß nicht, was dort solche Macht über Dich hat.«

Fabien sah mit Spottlust, nach außen bekümmert, zu, wie sich Beauvais' Gesicht immer mehr im Lesen verfinsterte. Aus vielen sanften und weichen Worten, die er einzeln auf dem Papier hätte streicheln können, stachen die spitzen Buchstaben ihrer Entscheidung.
Sie sei nicht länger bereit, auf einen Geliebten zu warten, der jede Gelegenheit ausließ, zu ihr zurückzukommen. Das Leben an der Seite eines Herrn Philippe Dumesnil würde sicher bei weitem nicht das sein, was sie sich zusammen mit Beauvais unter dem Leben vorgestellt hatte. Aber ein Leben, immerhin, sei es, und fruchtloses Warten sei keins. Bei Gott, sie schreibe den Namen des Freiers nur mit Verzweiflung nieder, es sei ihr nicht nach einer Drohung zumute, auch dieser Brief sei nur eine Beschwörung, nicht alles aufs Spiel zu setzen, was ihr gemeinsames Glück sei. – Und wofür aufs Spiel zu setzen? Was es auch sei, es würde wie Rauch vergehen, wenn er erst einmal auf französischem Boden stünde.
Sein Herz zog sich zusammen, als hätte es wieder begriffen, bevor sein Verstand zu einem Entschluß gekommen war: Er würde auch jetzt nicht heimfahren. – Wenn er sich vorstellte, wie

ihn die Frau empfing, wie er das geliebte Gesicht in seine Hände nahm, dann kam es ihm vor, dieser Brief hätte recht behalten. Dann war schon, was um ihn herum vor sich ging, wie Rauch vergangen. Wie sie es selber beschrieb in diesem verfluchten Brief. Denn sicher, er war verflucht. Die Wahl war verflucht zwischen dem, was man Glück nennt: ein junges, schneeflockenweißes Ding, das wie reines Glas war mit einem Sprung in jeder Bewegung, selbst im Klang seiner Stimme, das zufällig Claudine hieß! Und zwischen dem, was mit Glück nicht das geringste zu tun hat: eine Insel im Karibischen Meer, die zufällig Guadeloupe hieß, von nicht zehntausend Negern bewohnt, die vor sechs Jahren mit seinem Beistand ihre Freiheit errungen hatten und dieses Jahr wieder Sklaven sein sollten. Er gebrauchte sogar in Gedanken zum erstenmal dieses Wort. Die Insel konnte so wenig vergehen wie irgendein Stern. Weit eher Claudine. Das war wohl das Los alles irdischen Glücks, wie Rauch zu vergehen.
Der Mond war so hell, daß Beauvais den Brief ohne Schwierigkeiten hatte lesen können. Er faltete ihn ganz klein. Fabien fragte behutsam, neugierig: »Schlechte Nachrichten?« Zu sei-

nem Erstaunen und zu seiner Enttäuschung erwiderte Beauvais: »Nein, meine Braut ist ungeduldig.« Er nahm sich gleichzeitig vor, niemand zu verraten, daß er bleiben wollte.

Manon brachte ihren Kokosschnaps. Fabien trank rasch und viel, und Beauvais warnte ihn nicht. »Sie fahren jetzt heim und heiraten, lieber Freund«, sagte Fabien, »und das ist gut, und ich gratuliere. Es ist auch höchste Zeit, daß Sie fahren.« – »Warum höchste Zeit?« – »Das fragen Sie noch? Natürlich für Ihre Hochzeit und außerdem, überhaupt. Was wollen Sie auch noch hier? Sie sind schon lange im Amt. Auf dieser verdammten Insel. Ihr habt mit unseren braven Soldaten die Engländer weggejagt. Ihr habt Flinten an die Neger gegeben, damit sie wie auf Haiti euch helfen, die Engländer wegzujagen. Ihr hattet ihnen zur Belohnung die Freiheit versprochen. Das war vernünftig von euch. Die Neger auf Haiti haben sich eingebildet, nachdem sie einmal die Freiheit gekostet hatten, die rein und süß schmeckt, man könnte sie auch allein süffeln, auch ohne uns, die Franzosen. Ein schlauer Hund, dieser Toussaint. Der hat es verstanden, sein Inselchen in Ordnung zu bringen. Sogar ein bißchen zu gut. Der hat es besser als ihr hier verstanden, die Neger zur Arbeit anzuhalten, daß wieder Zucker und Kaffee herauskam; nur, daß er geglaubt hat, er könnte sich eine kleine private Republik züchten: Darum ist er jetzt auch eingesperrt, damit er begreift, was er der Republik verdankt, und seine private kleine Republik wird ihm zusammengeschossen.«

Beauvais fragte: »Hat sie sich schon ergeben?«

Fabien lachte: »Seit wann macht man einen Friedensvertrag mit Schwarzen? Ihr Häuptling ist unter Dach und Fach. Das Lied ist aus.« Er wurde plötzlich wütend. Er sprang auf. Er drohte gegen die Hütte. »Wenn ihr euch einredet, daß ihr es ebenso treibt, dann seid ihr schief gewickelt. Ihr kennt unseren General Bonaparte nicht. Der kann euch rechtzeitig etwas anderes schicken.«

»Beruhigen Sie sich«, sagte Beauvais. Er drückte ihn auf den Stuhl.

Fabien fuhr friedlicher fort: »Die Burschen zur Arbeit zu bringen, das haben Sie nicht verstanden.« Beauvais sagte: »So schwer es war, es ging die letzte Zeit besser. Es wird in einigen Jahren gehen.« Fabien erwiderte ruhig, obwohl er immerzu weitertrank: »Sie haben jetzt dazu keine

Zeit mehr.« Er war punktweise pedantisch nach Art gewisser, höchst betrunkener Menschen. »Was hätte es auch den Negern genützt, wenn sie gearbeitet hätten. Vielleicht wäre einem der Kamm geschwollen, wie es auf Haiti passiert ist. Wenn sich die Leute einmal an Arbeit gewöhnt haben, dann kommt dabei manch ein komischer Ehrgeiz heraus. Auch manch ein komischer Kopf, eben wie dieser Toussaint. Sie Glücklicher, Sie.« – »Warum Glücklicher?« – »Weil Sie nach Frankreich zurückfahren. Sie haben das Vaterland in all dem Wirrwarr verlassen. Sie ahnen gar nicht, was Sie erwartet. Was für ein Mann das ist, Bonaparte. Er hat ein Ende gemacht mit dem Geschwätz. Er macht uns ein neues Vaterland. Nicht aus Revolutionsgeschwätz, sondern aus Ruhm und Ehre.« – »Das hatten wir auch«, sagte Beauvais, »als wir nach Holland gezogen sind, die Revolutionsarmee, zerlumpt, ohne Schuhe, nur mit der Marseillaise.« – »Das war einmal«, sagte Fabien, »jetzt werden wir reich und groß, jetzt werden wir Schuhe haben, nicht nur die Marseillaise, jetzt brauchen wir Kolonien. Wir brauchen Kaffee und Zucker. Dazu brauchen wir Sklaven.«

Beauvais machte Manon ein Zeichen, immerzu einzugießen. Manon brachte ein feines, noch warmes Gebäck aus gesalzenen Mandeln, mit dem es sich leichter trank. Beauvais dachte: Der Schnaps hat ihn gleich an der richtigen Stelle geritzt. Er hätte ihn ebensogut an einer verkehrten Stelle ritzen können, daß er mir nichts als Weibergeschichten erzählt. Er sagte: »Doch wohl mit einem anderen Namen, nach einem anderen Gesetz?« – »Hören Sie mal«, sagte Fabien, er kratzte mit einem spitzen Nagel das Salz, das er für Zucker gehalten hatte, von seinen Mandeln weg. »Der Zucker ist unter Bonaparte genau derselbe, wie er unter Ludwig XVI. war, genau derselbe, Beauvais. Der Unterschied liegt in Frankreich, nicht im Zucker. Er hat unser Vaterland reich gemacht, beneidet und reich. Fragt sich nur, was für ein Frankreich, beneidet und reich. Sehen Sie mal, nur Schwarze können Zuckerrohr schneiden. Darum gehören dieselben Gesetze zu denselben Schwarzen. Der Unterschied ist: Für wen sind es Sklaven? Es ist ein Unterschied, ob der Sklave das Zukkerrohr für Ludwig XVI. schneidet oder für Napoleon.« – »Glauben Sie, daß es ein Unterschied für die Sklaven ist?« – »Für die nicht, aber für uns. Mein Gott, das hysterische Gleichberechtigungsgebrüll, als sie sich vor der Nationalversammlung als Brüder umarmten und um ihre schwarzen Bäuche die Trikolore zu binden begannen. War damals nützlich. Der Engländer ist unser Feind. Wir müssen ihn schlagen. Wenn er mit seinen Sklaven mehr Zucker produzieren kann als wir mit unserem Gleichberechtigungsgebrüll, dann heißt das: Fertig mit dem Gefasel. Ihr Neger pariert. Drapiert euch weiter mit einer Trikolore, wenn es euch Spaß macht. Sie werden hier noch etwas erleben, mein Junge – ach nein, Sie werden ja nichts mehr erleben. Sie fahren ja weg. Sie werden höchstens morgen unsere Proklamation erleben.«

Manon stand immer noch reglos zwischen Tisch und Tür. Sie hatte an Nase und Backenknochen silbrige Stellen wie ein Baumstumpf im Mond. Sie horchte angestrengt, weil sie wußte, daß Fabien jetzt etwas von großer Tragweite erzählte. Sie verstand die leise Bewegung, mit der Beauvais sie hieß, seinem Begleiter einzuschenken und einmal etwas Gesalzenes, einmal etwas Gezuckertes aufzutragen. Er riß aber dann an der verkehrten Stelle, wie Beauvais es anfangs befürchtet hatte. Er fing diesmal in einem Anfall von Heimweh an, von einer Geraldine zu erzählen, die in den Cafés rund um das Palais Royal herumgestrolcht war. Dann legte er seinen Kopf auf den Tisch.

VIII

Die Neger sprachen am nächsten Tag überall von der Proklamation, die auch in solchen Orten angeschlagen war, wo niemand lesen konnte: Sie betraf die Deportation des Toussaint von Haiti. An einigen Orten lasen sie uniformierte Beamte vor, an anderen Leute, die Briefschreiber von Beruf waren und sich auf die Kunst verstanden, die vielen Weißen, aber nur wenigen Schwarzen bekannt war.

»Der General Toussaint Louverture hat sich eingebildet, er könnte die Republik betrügen. Er wähnte in seinem Ehrgeiz, er könnte die Insel Haiti unabhängig erklären und dann als Despot und Tyrann seinen schwarzen Brüdern, ohne die Aufsicht der Republik, das Joch der Sklaverei wieder aufzwingen. Der General Bonaparte hat ihn durchschaut. Er befindet sich bereits als Gefangener auf unserem Kriegsschiff. Es lebe die Republik!«

Beauvais war nachts, nachdem er sich von dem betrunkenen Fabien getrennt hatte, zu Paul Rohan gegangen. Sie hatten sich vorbereitet auf das, was jetzt gekommen war.
Die Neger sagten zu Paul Rohan: »Jetzt siehst du, was es bedeutete, uns zur Arbeit zu zwingen. Es war Verrat an der Republik. Du aber, du, du hast uns immer die Neger von Haiti als Beispiel hingestellt.« Paul Rohan erwiderte: »Ihr Narren, merkt ihr denn nicht, was das bedeutet? Man will uns die Erinnerung an Toussaint vergiften. Man will uns in kurzer Zeit zur Arbeit zwingen unter dem Vorwand, es sei für die Republik.«
Die Neger sagten: »Du selbst bist der Narr. Du hast uns ja selbst gesagt: es sei für die Re-publik. Das hast du damals gesagt, solange es sich für dich lohnte, der Liebling eines dieser Weißen, des Beauvais, zu sein. Jetzt lohnt es sich aber nicht mehr für dich. Vielleicht bleibt dein Beauvais gar nicht mehr hier. Da willst du auch dieses Dings da, die Re-pu-blik, nicht mehr in den Mund nehmen.«
Rohan versuchte so sanft zu bleiben, wie Beauvais es ihm eingeprägt hatte. Die Ohren sausten ihm vor Wut. »Warum knallt es denn immer

noch in Haiti? Warum haben denn dort die Franzosen die Städte in Brand geschossen? Warum verfolgen sie denn die Neger dort in den Wald hinein? Warum geben die Neger auch jetzt noch nicht Ruhe, obwohl der General Toussaint, von dem man behauptet, daß er sie hinter das Licht geführt hat, gefangen ist?«
Ein alter Neger, auf dessen Kopf das Haar stand wie gekräuselter Schaum, sagte streng: »Die Weißen schießen gern, weil sie viele Kugeln haben. Sie verstehen sich ausgezeichnet auf Krieg. Sie haben uns Kugeln geschickt, um uns gegen die schlechten Weißen zu helfen. Es gab damals in Guadeloupe auch Neger, die Kugeln von den schlechten weißen Herren bekamen. Sie haben damit auf die guten Weißen geschossen. In Haiti gibt es jetzt auch solche Dummköpfe.« – »Der Bonaparte, der hier unter dem Aufruf steht, bedeutet nicht mehr die Republik. Er will uns wieder zu Sklaven machen.« – »Du willst uns einreden, du hättest lesen gelernt, mein Sohn hat aber zum Glück auch lesen gelernt. Sag, Sohn, steht hier etwas andres als das, was man uns vorlas?« – »Dasselbe.« – »Also, die Weißen verstehen es, ihre Worte aufzuschreiben und später wieder zu lesen. Auch Worte, die für uns schon

längst verflogen sind. Warum soll dasselbe Wort nicht mehr dasselbe Wort bedeuten?« Paul Rohan erwiderte schnell und heiser, er zuckte am ganzen Körper: »Das ist doch auch dir schon einmal geschehen. Es ist etwas anders geworden. Man nennt es weiter, wie man es früher genannt hat. Du trinkst Rum bei der Manon, sie gibt dir einen Dreck, sie sagt dir dazu: Das ist der Rum, den du verlangt hast. Du wirst sie dann prügeln. Es ist der Geschmack, woran du es merkst.«

Beauvais ging abends zu Paul. Es kam ihm vor, die Wände seien zusammengerückt und in den Wänden die Menschen. Die Zeit war enger geworden, sie drückte auf Schultern und Kehlen. Das Essen schmeckte wie Sand. Beauvais schwieg, an die Wand gelehnt. In den Blicken war Angst, als sause ein Hurrikan auf die Insel zu. Wenn Claire ein Kind schimpfte oder beruhigte, dann hieß es mit ihren Worten: Du wirst bald ein anderes Kind sein. Ich werde bald anders sein. Suzanne, ihre jüngere Schwester, kam oft zwischen Tür und Wand an Beauvais vorbei. Sie brachte die Hand sooft wie möglich mit dem Stoff seiner Uniform in Berührung.

Ihre Augen waren aufgerissen vor Angst, aber auch vor Freude, weil Beauvais gerade jetzt wiedergekommen war. Wenn jemand den Kopf hineinsteckte, kam es ihm vor, in dieser Familie sei etwas Arges geschehen. Er zog seinen Kopf zurück und fragte draußen, was denn Rohans geschehen sei. Der Gedanke kam ihm noch nicht, dasselbe könnte auch ihm geschehen sein.

Der Pater Dumerque trat ein. Er hatte Beauvais gesucht. Er umarmte ihn. Sein Orden hatte ihn heimbefohlen. Er glaubte, Beauvais würde mit ihm zusammen reisen. Beauvais widersprach ihm nicht. Er hatte schon mit Claire ausgemacht, daß sie in sein Essen das Mittel mische, das ihn durch den Ausbruch einer Krankheit am Abreisen hindere. Während er seinen Teller leer aß, wandte sich der Pater an die Familie. Er dankte Paul, daß er ihn in der schwersten Zeit beschützt und den Negern klargemacht hatte, Dumerque sei ihr Freund. Würde noch einmal eine schwere Zeit kommen und er könnte sie nicht mit ihnen verbringen, dann läge es nicht an ihm selbst. – Sie sahen sich an. Sie wußten, Dumerque begriff, was bevorstand.

Als er gegangen war, kamen viele von draußen

herein. Der Abend wurde zu einem gewöhnlichen Abend. Es war vielleicht doch nichts Besonderes bei den Rohans geschehen. Auch Beauvais war von ungefähr da, wie er öfters da war. Claire bewirtete alle. Suzanne half ihr. Sie kam sooft wie möglich mit ihrer Brust und ihrem Arm an Beauvais vorbei. Er gab darauf nicht acht. Er dachte jetzt nur an daheim. Er dachte an seine Braut, die schon geahnt hatte, daß er auch mit diesem Schiff nicht zurückkam. Es wurde ihm bitter und kalt. Sie redeten alle durcheinander um ihn herum. Das stockte nur, wenn draußen ein Posten vorbeiging. Denn daß es um diesen Posten anders bestellt war als sonst, das spürten sie in dem Augenblick, in dem sein Schatten hereinfiel. Sie sprachen auch wieder von dem Aufruf, der Toussaint betraf. Der Sohn jenes alten Negers, der morgens mit seinem Vater einig gewesen war, stimmte jetzt Rohan zu, die alten Plantagen müßten endlich gerodet werden. Ein anderer brachte aus seinem Gedächtnis die Gründe zutage, die Beauvais und Berenger in den Versammlungen aufgezählt hatten: »Wir brauchen das Geld für Kanonen. Sie schützen uns vor den Engländern. Die Engländer, wenn sie kommen, machen uns wieder zu Sklaven.« Ein junger Neger schrie lauter als alle: »Wenn wir so hart arbeiten müssen wie früher, wo ist dann der Unterschied?« Der Vater von Mado und Suzanne schrie nicht, weil er der einzige war, auf den man ohnedies immer hörte: »Du warst vor sechs Jahren noch so klein, daß du dich gar nicht mehr daran erinnerst, wie das war, als Sklave zu arbeiten. Ich kann mich sehr gut daran erinnern. Ich war in meinem Leben viel kürzer frei als Sklave. Ich kann mich daran erinnern, wie man mir eine Kette anlegte. Sie war so leicht, daß sie mich nicht am Arbeiten hindern konnte. Sie war so schwer, daß sie mich am Weglaufen hindern konnte.« – Der Junge lachte, aber nur mit den Zähnen. Sie sprachen auch von der Abfahrt des Paters. Von Beauvais' Abfahrt, der auf demselben Schiff reiste. Das gefiel ihnen nicht. Solange Hugues bei ihnen gewesen war, hatte sein Glanz auf Beauvais abgefärbt. Sie hatten später an Beauvais ihren Groll ausgelassen. Sie hatten geknurrt: Der Alte hätte es anders gemacht. Jetzt war ihnen unbehaglich zumute, als lasse sie Beauvais allein. »Wir werden nichts zulassen, ohne daß unser Mann im Rat sitzt. Du, Rohan, wer sonst?« Sie sahen ihn an. Es wurde still.

Dann schlugen die Stimmen wieder in Wenns und Obs durcheinander. Es gab einen Lärm, daß die Hütte geplatzt wäre, wenn sich die Stimmen nicht aufeinander geeinigt hätten. Es wurde ein Lied daraus. Es wurde auch draußen gesungen. Man hätte auf einmal glauben können, die Ankunft des neuen Schiffes würde gefeiert.
Französische Offiziere sagten, als sie den Gesang aus der Ferne hörten: »Der Anfang geht besser, als wir hofften.«
Beauvais blieb an der Wand stehen, als alle gegangen waren. Suzanne brachte ihm ein Glas. Er sagte: »Laßt mich. Ich will mich legen. Mein Haar ist naßgeschwitzt.« Man half ihm beim Auskleiden. Man holte die Negerin aus der Nachbarschaft, die alle Krankheiten kannte. Sie gab ihm gute und schlechte Ratschläge, Kräuter und Amulette, Tränke und Sprüche.
Als Beauvais sich nicht zur Abfahrt des Schiffes meldete, kam ein französischer Militärarzt. Der bekam Angst. Es war nicht zu leugnen, daß Beauvais die Passagiere gefährde, und zum Schluß blieben alle bei der Ankunft in einer Quarantäne hängen. Da war es besser, er blieb, wo er war.
»Geschieht ihm recht«, sagte ein gewisser Mou-

lin. Sie hörten im Offizierskasino dem Arzt zu. »Warum?« fragte Fabien. »Seine Braut wartet auf ihn. Er hat nach der Heimkehr heiraten wollen.« – »Warum? Weil er schon zu lange hier ist. Soll er mit seinen Negern verrecken.« Ein anderer sagte: »Er kam schon mit dem Kommissar Hugues.« – »Sie hatten damals gewürfelt, wer auf dem Schiff zurückbleibt und wer die Landung mitmacht.« – »Sie haben es fertiggebracht, die Engländer von einem Fort zum anderen zu treiben.« – »Sie haben zwölf Franzosen vor den Augen der Schwarzen an die Wand gestellt.« – »So hat die Befreiung angefangen.« – »Weil diese Edelleute die Insel lieber den Engländern überließen als unseren Jakobinern.« – »Weil die Jakobiner alle Plantagen den Negern schenkten.« – »Was hätte da Hugues anderes tun sollen?« – »Das ist ein altes Lied, das schon oft gespielt worden ist.« – »Der Konsul will ihnen die Plantagen wiedergeben.« – »Nur schade, daß man nicht sechs Jahre tot sein kann und dann wieder Zuckerrohr anbauen.« – »Man kann nach sechs Jahren wieder Sklave werden, aber nicht mehr lebendig.«

Beauvais lag krank bei den Rohans. Er schluckte den Trank, den ihm Suzanne zu seiner Heilung brachte. Er schluckte den Trank, den ihm Claire brachte, um das Fieber zu treiben. Paul erzählte ihm jeden Abend, was sich zutrug. Zunächst war nicht viel verändert. Die Neger wurden aufgefordert, die ihnen zugewiesenen Felder zu bebauen. Das war oft in den letzten Jahren geschehen. Jetzt fanden sich immer mehr und mehr zur Arbeit ein. Auch Rohan ging mit seinen Geschwistern und Schwiegereltern zur Feldarbeit. Die neue Verwaltung war provisorisch eingesetzt. Es gab darin keine Neger. Man ließ sich darüber weniger aus, als daß man sich darüber aufhielt, daß Paul nicht mehr mit den weißen Beamten herumritt, um Verordnungen zu erklären und durchzuführen. Man rechnete nach, wieviel Schwünge er jetzt noch mit der Machete fertigbrachte.

IX

Zuerst hatte Beauvais stets an daheim gedacht, ob sein Fieber stieg oder nachließ. Dann hatten sich seine Träume, wach und im Fieber, mit seiner Umgebung verflochten. Sie waren allmählich abgeblaßt, die Wirklichkeit war so dicht und fest, daß sie die Träume verzehrte. Suzanne saß neben ihm, wenn er schlief und wenn er sich schlafend stellte. Sie war zuerst die allerflüchtigste Wirklichkeit, zwar greifbar, aber verblaßt wie ein Traum, wenn er nur an eine Bewegung, nur an einen Ton aus seinen geliebtesten Träumen dachte. Dann hatte sich beides vermischt, das eine zum Greifen nahe, aber nicht brauchbar zum Träumen, das andere, das in Gedanken stundenlang vorhielt, aber nicht greifbar war. Auf einmal fiel die Erinnerung von ihm ab. Er strengte sich an, etwas Blondes und Weißes festzuhalten; dann war es in die Dunkelheit wie in ein Wasser abgeglitten, in eine Zeit, die nicht mehr seine war. Suzanne blieb hart und blank zurück wie der Kern der Frucht, die sie ihm schälte. Die Früchte des Landes. Rot, gelb, violett und grün, bisweilen mit schwarzen Kernen. Er liebte die rosa Innenfläche ihrer Hände mehr als den blonden und weißen Rauch. Es war ein Bestandteil von etwas, was litt und bedroht war und mehr Liebe brauchte, als ein Mensch aufbringen kann. Was ihn bisher gequält hatte, wurde ihm gleichgültig. Suzanne war froh, daß er sie fortwährend betrachtete.

Französische Offiziere besuchten ihn nie. Vigneron kam kurz vor der Abfahrt des Schiffes, das sie beide hätte heimbringen sollen. Er setzte sich unter das Vordach und sprach von diesem gesicherten Ort aus: »Da liegen Sie nun, ein Weißer, allein, anstatt mit mir zu gehen.« Da Beauvais nichts sagte, sondern ihn nur aufmerksam ansah, fuhr er fort: »Wir werden oft an die Zeit zurückdenken, die wir gemeinsam in Guadeloupe verbracht haben.« Er rückte im Sprechen seinen Stuhl um einige Fußbreit zurück. »Es war keine leichte Zeit. Ich habe mich oft gefragt, wie man hier mit sowenig Härte wie möglich unsere erhabenen Grundsätze anwenden könnte.« Er sprach jetzt sehr laut. Er wandte sich nicht eigentlich mehr an Beauvais. Er hielt ihn für zu krank, als daß er seinen Worten folgen konnte. Er sprach zu sich selbst oder auf einer Tribüne zu einer unbestimmten, allgemeinen Zuhörerschaft. Er bewegte sogar die Arme, als ob er die nicht vorhandenen Zeugen mitreißen wollte. Dann schob er erschrocken seinen Stuhl noch einen Fußbreit zurück. Er hätte es nicht übers Herz gebracht, diese erhabenen Grundprinzipien mit Maßnahmen durchzusetzen, die durch ihre Härte den Grundprinzipien

zuwiderliefen. Beauvais hörte ihn mit geschlossenen Augen belustigt an. Er gab noch mehrere Redensarten, gemeine und platte, zum besten. Die Grundprinzipien zu ändern, dazu sei er nicht der Mann. Er machte, ohne den Kranken zu berühren, eine große Abschiedsgeste.
Er stand schon hinter dem Stuhl, da fiel ihm doch noch was ein. »Ihr Kommissar Hugues, mein Vorgänger, ist, wie ich höre, nach seinem Bestimmungsort, nach Guayana, abgereist.« Beauvais öffnete endlich die Augen. Vigneron fügte hinzu: »Bei all dem Regierungswechsel hat der Mann abwarten wollen, bis ihn der Konsul bestätigt. Obwohl er schon über ein Jahr seine Ernennung hat. Das ist eine Vorsicht, die ich vernünftig nenne. Wenn man bedenkt, daß er vom Konvent ernannt worden ist. Bestätigt vom Direktorium. Da ist es doch klar, daß es noch einmal schwarz auf weiß vom Konsul unterschrieben sein muß.« Er wandte sich endgültig ab, da Beauvais stumm blieb. Die weit aufgerissenen, brennenden Augen, das bleiche Gesicht – er schrieb das alles dem Fieber zu. Er hatte auch keineswegs den Kranken mit seiner Mitteilung erregen wollen; er ahnte nicht, daß er Beauvais beim Abschied das Kostbarste zerstört

hatte: das geliebte Bild. Er ging mit gerecktem Hals zum Hafen hinunter. Beauvais grübelte auf seinem Lager. So sah es also daheim aus. Ein Mensch wie Hugues gab klein bei. Er tat das Vernünftige, wie es Vigneron nannte. Er ließ sich vom Konsul bestätigen. Er wollte sein Amt nicht verlieren. Er wollte die Macht nicht einbüßen. Er wollte Abenteuer und Ruhm. Er wollte die Erregungen seiner Jugend weiterschlecken. Er wollte nicht unbeachtet in einem stillen Winkel verrosten. Er wollte nicht von der Liste der Amtsanwärter gestrichen werden, wer diese Liste auch unterschrieb. Jetzt fühlte sich Beauvais erst richtig allein. Er hätte mit niemandem tauschen wollen, aber er war verteufelt allein.

Die Arbeit begann nach der Regenzeit verhältnismäßig glatt, ohne Stockungen. Die Straßen wimmelten von Soldaten. Wenn das eine Drohung bedeuten sollte, dann war sie zwecklos. Der Militärgouverneur hätte nicht den geringsten Anlaß zum Eingreifen finden können. Er suchte scheinbar auch keinen. Er ließ die Menschen unbehelligt, die nicht an die Arbeit gingen oder rasch wieder aufhörten. Zuerst waren mehr als sonst gekommen aus einer unbestimmten Angst vor unausgesprochenen Folgen. Als diese ausblieben, blieb die Angst auch aus. Das gab dann wieder Verwirrungen und Streit. Der Gouverneur dachte nicht daran einzugreifen. Er überließ alles sich selbst. Dann befahl er, alle sollten mit ihren Familien an ihren ehemaligen Arbeitsplätzen antreten. Die Erlasse der letzten Regierung seien für ungültig erklärt.

X

Lucienne klopfte in ihrem Hof die Samen aus seltenen Blumen. Das Kind setzte die Körner reihenweise in schwarze, grüne und gelbe Häuflein. Es hüpfte auf seinen Vater zu. Es prallte zurück. Doch Berenger hatte es weder gestoßen noch umarmt. Sein Gesicht war die letzte Zeit immer kalt gewesen. Es war jetzt ein solches Gesicht, daß sich Luciennes Gesicht bei seinem Anblick entleerte. Sie dachte: Solange ich hier bin, war er nie froh. Sie dachte auch: Er war nicht einmal bei meiner Ankunft froh. Ich hatte damals gehofft, er würde strahlen vor Glück. Er war aber nicht glücklich. So schlecht wie heute war ihm noch nie zumute.

Sie hatte machmal gewagt, ihn zu fragen, trotz Jacquelines Warnung. Ihre Fragen waren auch nutzlos gewesen. Er hatte gelacht. Er hatte den Kopf geschüttelt. Sicher, er hatte sich nur nach einem gesehnt: daheim aller Fragen enthoben zu sein.

Jacqueline kam hinter ihm her durch den Hof. Sie dachte bei Luciennes Anblick: Die Frau sieht jetzt ihrer Mutter ähnlich. Sie sah sonst aus wie ein goldener Engel. Warum sieht sie plötzlich wie eine alte Mulattin aus? Auch für unser Kind wäre es besser gewesen, wenn es einen Weißen zum Vater bekommen hätte. In Paris hätte die Frau nur zu wählen brauchen. Sie hätte den Grafen Lafayette sofort bekommen.

Sie folgte dem Herrn ins Zimmer. Sie stellte ein kaltes Getränk vor ihn auf den Tisch. Sie erschrak. Der Herr sah ihr ins Gesicht, als sei ihr festes schwarzes Gesicht aus Glas, und was es dahinter zu sehen gab, sei unerträglich. Der Herr sah aus, als hätte er einen Entschluß gefaßt, der aller Entschlüsse spotte. Sie hätte nicht einmal sagen können, ob sein Gesicht nach Verzweiflung aussah oder nach einem Triumph. Auf jeden Fall, es gefiel ihr nicht. Sie

blieb ein paar Schritte von ihm entfernt stehen. Sie sah es noch eine Weile an, ohne klüger daraus zu werden.
Er dauerte sie, sie sagte: »Der Herr soll an etwas anderes denken.« Er sah sie an, als merke er erst an ihrer Stimme, daß er nicht mehr allein war. Er antwortete: »An was?« – »An unsere Frau oder an unser Kind. An Freunde oder an Pferde. Der Herr denkt immer an Dinge, die er nicht ändern kann.« – »Man kann sie nicht ändern«, sagte Berenger, »aber man braucht sie nicht mitzumachen.« Jacqueline zuckte die Achseln. »Mein lieber Herr, ach, mein lieber Sohn, da hast du recht. Man braucht sie nicht mitzumachen. Ich weiß, was in deinem Kopf herumgeht. Wir hier auf der Insel sprechen von nichts anderem mehr. Warum kannst du aber wenigstens nicht an etwas anderes denken? Du bist ein sehr guter Mensch. Darum. Du machst dir aber viel zuviel Sorgen um uns Neger. Was auch mit uns geschieht, es hat mit dir überhaupt nichts zu tun. Mit dir nichts, mit deiner Frau nichts, mit deinem Kind nichts. Es kommt überhaupt nicht in dein Haus.« Er hörte ihr angestrengt zu. – Sein Gesicht war sehr traurig. Was sie beinahe für einen Triumph gehalten hätte, war, wie sie

auch gleich vermutet hatte, keine Spur von Triumph. Es war dann also Verzweiflung.

Er tat ihr leid, weil er viel zu gut war. Sie erklärte ihm sanft: »Ich kann mir gar nicht vorstellen, was für ein Negergesetz hier im Haus irgend etwas verändern könnte. Ich weiß, daß du zu mir sein wirst, wie du vorher warst. Was soll sich dann also für mich verändern? Und glaubst du, ich könnte anders zu deiner Frau sein? Ich bin von Martinique nach Paris mit ihrer Mutter gekommen, als sie schwanger mit dem Kind war, das jetzt deine Frau ist. Ich war immer gut zu deiner Frau, denn ich hatte sie immer lieb, so lieb wie ich jetzt deine Tochter habe. War etwas anders, früher, als ich als Sklavin in ihrer Familie diente? Ist etwas anders geworden in den sechs Jahren, in denen wir frei waren? War ich als Freie weniger treu? Wirst du weniger gut zu mir sein, wenn morgen ein Gesetz herauskommt, daß ich wieder deine Sklavin bin? Da lächelst du endlich. Du sagst es ja selbst, man braucht es nicht mitzumachen. Und weil man es gar nicht mitmacht, verändert sich gar nichts. Zwischen dir und mir verändert sich nichts.«

Sie wartete auf eine Antwort, die nicht kam. Berenger horchte auf den Brunnen, als hätte er einmal in alten Zeiten in einem Hof gewohnt, in dem der Brunnen das Meer übertönte.

»Ich bitte dich, Herr, gib diese Gedanken auf. Denn was du auch tust, es nützt nichts. Der neue Herr, den ihr jetzt habt, der alle Gesetze macht und alle Befehle gibt, das ist, wie sie sagen, ein sehr mächtiger Herr. Was kannst du gegen ihn tun, ein einzelner, hier auf der Insel? Ich war mit euch in Paris, da weiß ich so gut, wie du es weißt, was niemand hier für möglich hält: Kein Mensch in Paris weiß, wo Guadeloupe liegt. Vielleicht ein paar, die etwas damit zu tun haben. Ein paar Soldaten. Ein paar Seeleute. Ein paar Kaufleute. Die meisten wissen nicht einmal genau, wo Martinique liegt, das viel größer ist. Sag selbst, was du hier auch tust, es ist vergessen, sobald es getan ist. Kein Mensch wird je davon hören. Ich habe erst in Paris erfahren, als ich nicht mehr jung war, wieviel Weiße es gibt. Die Neger hier können sich davon überhaupt kein Bild machen. Dabei ist unsere Insel so winzig, daß sie überhaupt nicht für euren mächtigen Herrn in Betracht kommt. Was ist ihm eine Insel mehr oder weniger?«

XI

Jean Rohan, der Schmied, erfuhr durch den gewaltigen Knall, mit dem das Fort in die Luft gesprengt wurde, daß die Sklaverei in Guadeloupe durch Gesetz wieder eingeführt worden war. Er hatte Berenger seit Jahren gekannt. Berenger hatte in der letzten Zeit seine Gepflogenheit wieder aufgenommen, auf der Insel herumzureiten und mit den Menschen zu sprechen. Sie hatten zusammen bei der Manon getrunken. Sie hatten sich ihre Befürchtungen mitgeteilt. Jean Rohan hatte einmal gefragt, was er zu tun gedächte, allein, von der militärischen Macht erdrückt, auf der winzigen Insel, falls es zum Schlimmsten käme. Sogar ohne Rückhalt an den Negern. Berenger hatte erwidert: »Das wirst du merken.«

Er hatte es also gemerkt. Der Knall war auf der ganzen Insel hörbar. Das Echo dröhnte ein paarmal in abgelegenen Bergspalten. Die Luft bebte lange. Dann war es still … Soweit Jean Rohan darüber Bescheid wußte, gab es jetzt im Meer keine Insel mehr, wo die Sklaverei nicht bestanden hätte. Sie war nur auf den französischen Inseln durch die Revolution abgeschafft worden. Das hatte er oft erklären hören. Wenn sie jetzt doch wieder eingeführt wurde, gab es überhaupt keine solche Insel mehr. Berenger hatte die Nachricht als Kommandant des Forts frühzeitig bekommen. Er hatte sie so verstanden, wie sie Jean Rohan verstand. Er hatte danach gehandelt, und Jean Rohan beschloß, jetzt auch zu handeln.

Er hatte mehr Erfahrungen als ein Feldsklave. Er hatte auf seiner Schmiede, die zu dem Gut Rohan gehört hatte, bis in sein hohes Mannesalter Umgang mit allerlei Menschen und mit metallenen Dingen gehabt. Er war geschickt in seinem Beruf gewesen, auf allerlei Kunststücke aus. Er hatte nicht die Art Verstand, die sein viel jüngerer Vetter Paul besaß, den kühnen und wilden Verstand, der selten, aber dann verzweifelt zurückschreckt, wenn in der begrenzten Welt die Ausführung seiner unbegrenzten Erfindung unmöglich gemacht wird.

Er war nicht daheim, als das Fort explodierte. Er war zunächst in seiner neuen Schmiede geblieben, als viele Nachbarn und Brüder der Aufforderung gefolgt waren, sich an den ehemaligen Arbeitsstätten zu melden. Er war so lange wie möglich geblieben, auch als die Patrouillen kamen, um zu kontrollieren, wer der Aufforderung nicht gefolgt war. Er hatte in der vergangenen Nacht endgültig aufbrechen müssen. Er hatte sich bis zu einer entlegenen Schlucht durchgeschlagen, zu einer Siedlung, die dort vor zwei Jahren entstanden war. Es gab dort Neger mit Weibern und Kindern. Die hatten sich niemals eingefügt. Sie lebten dort, wie sie dachten, weiter in Freiheit. Sie lebten von Jagd und von Früchten und manchmal von Tausch und manchmal von Raub. Sie hatten schon drei- oder viermal einen schmalen Streifen anzubauen begonnen, aber obwohl ihre Saat rascher gewachsen war als ihr Kind im Mutterschoß, war ihnen selbst dieser Ertrag entbehrlich erschienen. Sie hatten auch schnell Streit bekommen.

Als Jean Rohan erschöpft bei ihnen ankam und erzählte, was dieser Knall zu bedeuten hatte, brachen sie in Gelächter aus. »Nun kommst du auch bei uns an, wir haben es gleich richtig gemacht.« Jean Rohan sagte: »Nein.« Was er voraus wußte, geschah: Die Patrouillen waren am nächsten Tag angelangt. Sie taten ihnen nicht viel zuleide. Sie wagten sich kaum in die Nähe.

Der neue scharfe, findige Kommandant, der die Insel planmäßig durchstreifen ließ, würde gleich nach dem Bericht der Patrouille mit einer berittenen Abteilung anrücken. Es war auch klar, daß der Zeitpunkt vernünftig angesetzt war, mit Spielraum vor Anbruch der Regenzeit. Und ferner klar, daß die Soldaten mit Pferden und Hunden die flüchtigen Neger schnell erreichten.
Jean Rohan schloß sich ihnen nicht an, als sie die Hütten sich selbst überließen und in das innerste Innere aufbrachen. Er suchte sich seinen Weg allein. Er wußte, es gab vor der Sklaverei keine Rettung mehr. Er hätte genausogut vor der Luft selbst flüchten können. Er wußte, solche Männer wie sein Vetter taten sich da und dort zusammen und wehrten sich bis zum letzten Augenblick. Er hoffte wenigstens, daß sie es taten. Er hoffte, daß sich wenigstens da und dort noch Gruppen von seinesgleichen fänden, die Zeit hatten, sich gemeinsam zu wehren. Das könnte zwar auch nicht verhindern, daß sie zugrunde gingen. Es war aber ohne Zweifel die richtige Art, zugrunde zu gehen. Es war ein Aufschub immerhin, aber ein Aufschub solcher Art, daß sie sich sagen konnten, sie waren – ein-

mal frei – nie mehr wieder Sklaven geworden. Sie hatten sich einmal befreit, und sie waren bis zum Tod frei geblieben. Das wollte er auch. Aber er mußte es jetzt allein tun. Mit allen zusammen, das würde ein ebenso blutiges Fest sein wie das Fest, das sie mit dem Volkskommissar Hugues gefeiert hatten, und es würde auch ein Fest aus demselben Anlaß sein, für die Freiheit, nur, wenn er dazu zu trommeln hätte, er müßte ganz andersartig trommeln. Für einen allein gibt es keine Trommel; für einen allein gibt es kein Fest. Er war aber dagegen gewesen, sich mit den andern zusammen an dem befohlenen Ort zu der befohlenen Zeit einzufinden, weil er den Befehl gehaßt hatte.

Er war in den Wald eingedrungen. Die Wurzeln drehten sich wie verknorpelte Hexen aus der Erde bis in die Äste hinauf. Die Äste wuchsen in den Erdboden zurück, und alles war verfilzt und vermoost und von Lianen verwickelt. Er brauchte nicht mehr zu kriechen. Der Wald saugte ihn auf. Er wurde von dem Getier angeschwirrt und manchmal angeglotzt und gekitzelt. Er war so allein, daß er sich nicht mehr allein fühlte. Er gab es auf, sich in dem Gewimmel allein zu fühlen. Er gab es auf, sich in soviel

Leben als ein besonderes Leben zu fühlen, das vor etwas Angst hatte. Wenn er in der heißen, pfeifenden Finsternis noch auf Gedanken gekommen wäre, dann hätte er gedacht, daß er lieber auf tausend Arten zugrunde ginge, als von dem zugrunde gerichtet zu werden, vor dem er flüchtete.

Er sollte aber gerade dadurch zugrunde gerichtet werden. Er war noch gar nicht tief eingedrungen. Detechements hatten längst nach ihren genauen Plänen die ehemalige Siedlung erreicht. Sie hetzten jetzt ihre Meute in den Wald, denn allzuweit war das Pack noch gar nicht gekommen. Die auf die Neger abgerichteten schwarzen Hunde waren auf den Antillen berüchtigt. Sie hatten von jeher die Neger aufgespürt, die ihren Herren entflohen waren.

Die Offiziere hatten sich jetzt ganze Rudel dieser berüchtigten Hunde zugelegt. Daß sie schwarz waren wie die Beute, das verschärfte die Jagd. Als Rohan sie anschlagen hörte, fing er an, aufwärts zu klettern statt seitwärts. Er hatte schon weiße Struppeln auf seiner schwarzen Brust. Er war aber geschmeidig und schlau. Sein Haar war wie ein Lammfell. Er war auf der Flucht ganz weiß geworden. Es gab aber nie-

mand darauf acht. Es gab auch niemand, der darauf achtgab, ob schwarze Hunde Neger verfolgten, die sich nichts aus der Bebauung von eigener Erde machten, oder einen Neger wie den Koch, der lieber ein angesehener Sklave war als ein Feldarbeiter, oder den Neger Jean Rohan, der alles sofort verstanden hatte. Er wählte sein Versteck so gut und verhielt sich so ruhig, daß die Hunde unter ihm jaulten und nicht gleich spürten, wo er war.
Daß etwas Menschenhaftes hier steckte, das schnupperten sie. Sie fingen auch plötzlich an, so rasend zu jaulen, daß es rundherum knackte von aufgeschrecktem Getier. Die Hunde sprangen, sie prallten ab oder rissen sich und starrten und heulten.

Jean Rohan wußte, daß es zu Ende ging. Es wäre besser gewesen, durch eine Schlange zugrunde zu gehen. Besser durch einen Skorpion, besser durch einen Jaguar. – Es wäre besser, ein Jaguar als ein Spürhund zu sein. Wäre es besser, ein Sklave zu sein als ein Hund? Es war für einen Neger nur möglich, als ein Sklave oder gar nicht zu leben. Die Hunde hatten inzwischen die Patrouille herbeigelockt. Die Patrouille war

von Negern begleitet, die ihr den Weg mit Macheten schlugen. Wäre Rohan noch auf Gedanken gekommen, dann hätte er gedacht: Es ist nicht besser, als Sklave zu leben, es ist besser, nicht zu leben.
Die Hunde gerieten noch einmal in rasende Aufregung. Die Patrouille hätte sonst nicht das Dunkle vom Dunklen unterschieden, nicht die zwei weißen Punkte entdeckt, die dazu gehörten. Sie legte die Köpfe zurück und brüllte und pfiff und schrie. Dann legte sie an und schoß. Der Tote überschlug sich zuerst – dann kam er im Gleitflug herunter. Die Patrouille zog auf dem Pfad ab, den die Neger mit der Machete geschlagen hatten, nachdem sie – denn die Jagdzeit war kurz – die gierigen Hunde von ihrer Beute gerissen hatte. In ihrem Rücken stürzte sich eine Völkerwanderung von Insekten auf den Rest von Fleisch; dann kam kleines Getier mit Zähnen und Schnäbeln. Zuletzt kam, die ersten verscheuchend, ein großes, buschiges Raubtier mit seinem Jungen, gelassen und schwer, die Mutter hungrig, das Junge hungrig.

XII

Christophe, der ehemalige Küchensklave, und Ismael, der ehemalige Gärtnersklave, saßen zusammen unter dem Vordach der Hütte. Sie waren daran gewöhnt, miteinander die Abende zu verbringen. So hatten sie es als Sklaven auf dem Gut Noailles gehalten, so in den Jahren der Freiheit. So hielten sie es wieder als Sklaven auf dem Gut Noailles.

Das Gut hatte vor der Revolution nicht mehr den Noailles gehört, wenn es auch gewohnheitsmäßig weiter nach ihnen genannt worden war. Es war durch Erbschaft an einen Grafen Bechamel gefallen. Der war nur selten und zuletzt gar nicht mehr nach Paris gefahren. Er hatte ein Leiden, dem das französische Klima schadete, während die Tropen sein Leben verlängerten. Das erwies sich auch insofern als wahr, als er beim Ausbruch der Revolution bei einem berühmten Arzt auf einer portugiesischen Insel war. Wie sich die Dinge weiter entwickelten, blieb er dort. Da er trotz seiner Krankheit gern lebte, hatte er seine Geliebte, eine Mulattin, und deren Kinder bei sich. Eins davon, ein ausnehmend schönes, fast weißes Mädchen, war zur Erbin seiner Besitzungen in Guadeloupe bestimmt. Seine Frau hatte von ihm getrennt in Paris gelebt, später in London. Dort ging es ihr auch in der Emigration nicht gar zu schlecht. Ismael und Christophe schwatzten, was aus all diesen Menschen geworden sein mochte, in deren Diensten sie Jahrzehnte gestanden hatten. Die Mulattin war unter den Sklaven als launisch und grausam verschrien gewesen. Ihr Geliebter hatte ihr jeden, selbst den unsinnigsten Wunsch erfüllt. Auch darüber schwatzten und lachten die beiden Alten. Die Frau hatte ziemlich viel von ihrer beider Berufen verstanden: der Gärtnerei und der Küche. Ihre Festmähler waren berühmt gewesen. Sie hatte den Gärtner Ismael angewiesen, einen Kräutergarten zu ziehen, der dem Kräutergarten des Klosters weit überlegen war. Christophe hatte sich dort alles Nötige für seine besonderen Gerichte gesichert. Er hatte für Ismael immer die Reste vorzüglich gelungener Speisen aufbewahrt. Die beiden Alten hatten sich oft eingestanden, daß sie sich nach den alten Zeiten zurücksehnten. Obwohl es aussah, als sollte bald alles wieder so werden, wie es gewesen war, ließ sich die Zeit, die nun mal ins

Rollen geraten war, doch nicht mehr zurückstellen. Wieviel die beiden Alten auch schwatzten, es kam nichts Gescheites dabei heraus. Dafür war die Welt zu wirr. Aus solcher Wirrnis kam nur Gerede heraus, kein saftiger Tratsch. Es war genug in den letzten Wochen geschehen, es fehlte den Ereignissen nicht an Klarheit. Sie waren so nackt und so einfach wie möglich. Man brauchte nicht von ihnen zu reden, sie redeten für sich selbst. Sie waren auch für die beiden Alten nicht zum Tratschen geeignet. Sie waren zum Schweigen. So daß man, hörte man nur diesen beiden zu, sich hätte einbilden können, es wäre nichts Besonderes geschehen. Wenn sie bis ins kleinste alles durchhechelten, womit sie zu tun hatten, dann stockten sie von Zeit zu Zeit einen Augenblick, von dem überwältigt, womit sie nichts zu tun haben wollten. Dann knirschten ihre Zähne, dann zitterte ihre welke schwarze Haut, dann drehten sich ihre Augäpfel, als bekämen sie Krämpfe, dann klopften ihre Herzen. Sie fingen schnell wieder ihr Gerede an. Dann stockten sie wieder, es dröhnte wieder mit Hammerschlägen in ihren Rippen: Das Fort, das Berenger in die Luft gesprengt hatte. Was sonst noch auf dieses Signal in die Luft flog. Ein Militärdepot, ein Kasino. Die Schüsse, die da und dort auf Patrouillen fielen. Manon, die plötzlich einem betrunkenen Offizier, der sie angeherrscht hatte, mit ihrem Fleischmesser an die Kehle ging. Die ganze Familie lief entsetzt auseinander. Man trieb sie mit Hunden zusammen, man verbrannte die Hütte.

Was hätte man darüber reden sollen? Es war auch am besten, über Paul Rohan zu schweigen. Man hatte ihm gleich nicht getraut, als er, wenn auch mit Frau und Kindern, auf das Gut Rohan zurückkehrte. Auch Beauvais nicht, als er krank zurückblieb. Wahrscheinlich hatte Paul Rohan etwas im Sinn, was man am besten auch in Gedanken vermied.

Die beiden schwatzten so schnell wie möglich von den gewöhnlichsten Dingen. Es gibt ja schließlich genug in Guadeloupe, was sich nicht verändert. Es gibt auf eine besondere Art gewürztes Schweinefleisch. Es gibt grobe Zungen, die das Gewürz nicht herausschmecken. Zwar nicht auf den großen Gastmählern, nach denen man sich zurücksehnt. Es gibt statt dessen ein Kommen und ein Gehen von allerlei Leuten, die der Graf Bechamel früher nicht an seine Tafel gelassen hätte. Sie aßen auch nicht zu einer bestimmten Stunde; man wird nicht richtig aus ihnen klug. Beamte und Offiziere und Angestellte. Sie messen und stochern im Land herum. Es gibt aber auch unter ihnen Feinschmekker. Einer bestellte sich dreimal hintereinander dieselbe Fischsoße. Man kann nicht einmal eine Fischsoße erwähnen, ohne dabei an Manon zu denken. Und weil man von Manon nicht sprechen kann, ist es besser, auch über Fischsoße zu schweigen.

XIII

Cantal, der früher Verwalter auf dem Gut Rohan gewesen war, wagte sich nach Guadeloupe zurück. Er ritt bewaffnet unter militärischem Schutz in die Berge. Er war ein kleiner, unansehnlicher Mann, aber fest und beherrscht. Er ließ die Neger vor sich zusammentreiben. Er sagte aber nur lächelnd: »Nun, meine Kinder, da wären wir wieder zusammen.« Er sagte später ein paarmal: »Ihr habt ja hier eine schöne Bescherung angerichtet.«
Er hatte zunächst nur feststellen wollen, ob

man überhaupt noch einen Profit aus den Ländereien herausschlagen konnte, mit wieviel Kredit, mit wieviel staatlicher Unterstützung, mit wieviel Veräußerung.
Sein Herr war nie nach Guadeloupe gekommen. Er hatte Versailles vorgezogen. Er war zufrieden gewesen, wenn sein Verwalter ihm pünktlich genügend Geld geschickt hatte. Cantal hatte ihm immer pünktlich genügend Geld geschickt. So pünktlich und so genügend, daß Herr und Verwalter auf ihre Kosten kamen. Der Herr war in Paris auf der Guillotine geendet. Da er ohne Kopf sowenig wie mit Kopf nach Guadeloupe fuhr, hatte sein Tod die Folgen aller vertrackten Todesfälle. Nachdem das vergossene Blut getrocknet war, kam die Tinte in Fluß. Unsichere Familienmitglieder meldeten sich, als sie erfuhren, die neue Regierung mache es nicht unmöglich, etwas zu erben. Die meisten Aussichten hatte ein außerordentlich schäbiger Edelmann, der die Revolution an den Rouletten von Havanna überstanden hatte. Er war auf den Antillen hängengeblieben, weil ihn schon längst eine unklare Verwandtschaft seiner Frau mit einem dort fundierten Vermögen dazu veranlaßt hatte, sein Glück in der westlichen He-

misphäre zu suchen. Der Verwalter hatte ihn einmal durch ein paar kräftige Neger aus dem Tor befördert. Unter dem Wappen der Familie, das einen Mohrenkopf enthielt: als Zeichen, daß ihr Stammbaum bis auf die Kreuzzüge zurückging. Cantal stieß in den Spielsälen wieder auf den ihm bekannten Edelmann. Sie trugen sich beide nichts nach, denn der Verwalter wäre keiner gewesen, wenn er sich nicht auf Nutzen verstanden hätte. Der angeheiratete, außergewöhnlich schäbige Edelmann war jetzt nützlich: Cantal versprach dem Edelmann, aus dem er sich vielleicht einen neuen Herrn ziehen könnte, den fraglichen Anspruch persönlich und schriftlich für ihn zu erledigen und, wenn er ihm wenigstens einen Rest brauchbaren Landes ergatterte, genügend Geld ans Roulette zu schicken. Frau Cantal war jene spöttische Schönheit gewesen, die ihren unbezähmbaren Ehrgeiz, der sich von Toilette und Küche bis auf die Allmacht Gottes erstreckte, auch auf das Schicksal der Sklaven angewandt hatte. Sie war es, die ihren Mann veranlaßt hatte, den Feldsklaven Paul Rohan, durch einen Verkauf nach dem Gut Noailles, von seiner Geliebten zu trennen.

Der Verwalter wußte noch nicht, ob er die Plantagen, die er besichtigte, wieder anbauen könnte. Es lohnte sich vielleicht nicht, die Sklaven roden zu lassen, die auf dem Papier zunächstmal zu ihm gehörten. Er verstand es zwar, seine Neger anzutreiben. Er besaß aber nicht mehr die unbändige Kraft der ersten Ansiedler, die einst das Land der Wildnis entrungen hatten. Er wollte sich aber auf jeden Fall so sicher wie möglich zeigen, bevor er sich über die Zukunft klar war. Er ließ ein paar Neger, die durchgebrannt waren, von Hunden stellen. Er ließ ihnen soviel Hiebe aufzählen, wie er es in solchen Fällen gewohnt war. Er drohte ihnen mit einer Brandmarkung als Kennzeichen bei einer zweiten Flucht. Das waren die Strafen aus dem Schwarzengesetz der Könige. Als er feststellte, daß der Schmied Jean Rohan fehlte, ließ er dessen Familie zusammentreiben. Er ließ sogar seinen Schwager verhören, der als freigelassener Gärtner im Klostergut arbeitete. Er ließ ihn in Ketten legen, denn das Gesetz sah vor, daß freigelassene Neger, die einen entlaufenen Sklaven versteckten, ihre Freiheit wieder verloren. Der Militärgouverneur tat manches, um solche Maßnahmen einzudämmen. Er ließ sogar die-

sem Neger die Ketten abnehmen, als sich seine Unschuld herausgestellt hatte.
Cantal hatte dabei erfahren, daß der Vetter des Schmiedes, Paul Rohan, ein Hauptaufwiegler gewesen war. Es kam ihm sonderbar vor, daß dieser Mann nicht geflüchtet war. Er hatte sich sogar eingefunden mit seiner Frau, die man nicht mehr von ihm trennen konnte. Cantal erinnerte sich noch ungefähr an den Vorfall, bei dem seine eigene Frau eine Rolle gespielt hatte. Er fand keinen Grund, etwas gegen Paul zu unternehmen. Es war, als hätte sich Paul in das Unvermeidliche gefügt.
In manchen Stunden sah es an manchen Flekken der Insel aus wie in alten Zeiten. Der Rauch stieg von abgesengten Landstreifen hoch. Die Kopftücher schimmerten in breiten Abständen. Die Lieder waren so schwermütig und so eintönig, daß sie länger vorhielten als die Peitschen und Schreie und die schrillen Preisangebote auf den Negerauktionen.
Es war Cantal leid, ein paarmal hinauf und herunter zu reiten. Er ließ sich ein neues Verwalterhaus richten. Er ließ so viel Erde ausstechen und in der Sonne trocknen, als könnte er nicht Lehmziegel genug für das neue Haus haben, in

dem er mit seiner Frau, seinen Kindern und Enkeln zu wohnen gedachte.
Der Gouverneur tat sein Bestes, den Einfall dieses Verwalters zu unterstützen. Er stationierte ein starkes Kontingent von Soldaten auf dem Gut.
Cantal wurde von einer Gewehrsalve empfangen. Kein Mensch war mehr auf den Gedanken gekommen, daß irgendwo Waffen versteckt sein könnten. Man hatte auch nur den Versuch eines Widerstandes für unmöglich gehalten. Auch dieser Versuch wurde sofort erstickt. Und als er bereits erstickt war, drang seine Nachricht in alle Teile der Insel.

Als Schuldige und Verdächtige grausam bestraft worden waren, begriffen die Neger, daß sie ihr Joch nicht abschütteln konnten. Die Neger in Haiti, die sich noch immer im Urwald verschanzten, erfuhren, die Sklaverei sei in Guadeloupe wiederhergestellt worden. Sie verstanden, was ihnen blühte, wenn sie sich ergaben. Das gelbe Fieber kam ihnen zu Hilfe und siebte die Besatzung.

XIV

Nach einer gewissen Zeit kam ein junger Mensch, der Louis Sampigny hieß, nach Guadeloupe, um dort sein Glück zu versuchen. Er war der Sohn einer wohlhabenden Familie aus Martinique. Die hatte Mühlen und Destillationen besessen, aber oft in Streit mit den Plantagenverwaltern gelegen; denn nur die Aristokraten besaßen Erde. Jetzt war dieses Vorrecht aufgehoben. Der junge Sampigny plante, sich eines Stücks Landes zu versichern, um Zuckerrohr anzubauen. Er fing auch gleich an, alles Nötige zu erwerben: verschiedene Einrichtungen, die er wieder instand setzen ließ, eine neumodische englische Maschine, durch die er Esel oder Pferde ersetzen konnte, allerlei verwahrloste Gerätschaften, Sklaven, Fässer und anderes Material aus Holz und Glas, Hanf, Baumwolle und Leinwand. Er wurde bei der Besichtigung weder mit Jubel noch mit Gewehrsalven empfangen.
Um diese Zeit fand in einem Haus in der Stadt eine Auktion statt. Versteigert wurden: verschiedene von den erwähnten Gegenständen,

ein komplettes Service, Möbel, Sattelzeug und zwei Sklavinnen.
Die Sklavinnen waren Suzanne und ihre Mutter. Sie ließen sich stumpf von allen Seiten besehen. Sie ließen sich stumpf von den Käufern wegführen. Die Alte galt bei ihren neuen Herrschaften für geschwätzig und hinterlistig. Suzanne galt für trotzig und faul.

XV

Seit diesen Ereignissen waren viele Jahre vergangen. Der erste Konsul Bonaparte war Kaiser Napoleon geworden. Er hatte halb Europa erobert. Er stand kurz vor dem Marsch nach Rußland. Was sich zu Beginn des Jahrhunderts auf einer Insel im Karibischen Meer ereignet hatte, war den Köpfen der Menschen entglitten. Sie wurden von wichtigeren Ereignissen ausgefüllt, von glänzenderen Namen. Höchstens erwähnte einmal ein Leutnant oder ein Hauptmann den Namen der Insel, auf die ihn sein wildes Soldatenleben geworfen hatte.
Der Oberst Boyer verbrachte den Urlaub auf dem Landhaus seiner Schwiegereltern, nicht

weit von der Schweizer Grenze. Die ganze Familie drängte sich um den Gast und wurde nicht müde, ihn erzählen zu hören. Denn während der Oberst schon in der Revolutionsarmee unter Bonaparte gekämpft hatte, vor Marengo und unter den Pyramiden, in Mitteleuropa und in verschiedenen Kolonien, war diese Familie in ihrem stillen Haus mit Haushalt und Garten, mit Lederhandel und mit Aufzucht der Kinder beschäftigt gewesen. Jetzt standen alle die Mäuler offen, die Nasenflügel waren gebläht vor Erregung. Die Frauen ließen die Stickereien in ihre Röcke fallen, bei ganz unglaublichen Vorkommnissen. Die Kinder vergaßen Gebäck zu kauen, sie verkrümelten es vor Aufregung. Der Schwiegergroßvater nagte an seinem Schnurrbart. Der Schwiegervater trank mehr Schnäpse denn je; all die erzählten Gefahren machten ihn durstig. Die Schnäpse waren ordentlich aufgereiht auf dem goldflüssigen Mahagonitisch vor dem Kamin. Boyers Gesicht war rot im Kaminschein, als säße er wieder am Biwakfeuer. Sein jüngster, spätgeborener, erst zwölfjähriger Bruder starrte ihn unverwandt an. Alphonse war ein blonder, dünnhäutiger Junge, der Mutter nachgeschlagen, die bei seiner Geburt gestorben war. Und dieses Unglück schien den schmalen, aber gelenken Knaben, der immer noch über das eben Gehörte grübelte, während die ganze Familie über das nächste Erlebnis staunte, mit einem Anflug von Schwermut beschattet zu haben.

Der Oberst Boyer geriet immer mehr ins Erzählen. Er fühlte sich glücklich, weil er soviel erlebt hatte und jetzt auf Urlaub daheim war und nicht für immer. Es war ein Abend, an dem es schien, er hätte soviel Gefahren bestanden, nur um den Seinen davon zu erzählen. Er hatte nicht nur im Mittelmeer und in Ägypten Abenteuer erlebt, sondern auch im Karibischen Meer. Er erzählte, wie sie auf einer Insel, die Guadeloupe hieß, die Sklaverei wieder hatten einführen müssen. Die Insel sei in den paar Jahren verludert, in denen die Neger nicht mehr gezwungen wurden, Zucker und Kaffee zu ziehen. Es war kein Zufall, daß ihm sein kurzer, aber erregender Aufenthalt in Guadeloupe gerade hier und gerade jetzt einfiel. Ein Kamerad hatte ihm morgens erzählt, der damals berühmte Toussaint sei in den benachbarten Bergen in einer Festung verreckt. »Was du nicht sagst! Hat der noch gelebt?« – »Jawohl. In der Nachbarschaft war er eingesperrt. Die Neger hatten noch nicht einmal beigegeben, als wir ihn schon deportiert hatten. Die spielen sogar noch jetzt weiter Krieg.«

»Die Insel Guadeloupe«, erzählte der Oberst, »war so stark besetzt, daß sich kein Neger mehr gerührt hat. Nur ein Mulatte, der zufällig dort Kommandant war, hat sein Fort in die Luft gesprengt. Warum? Das habe ich mich damals auch gefragt. Man weiß nie, was in einem Mulatten vorgeht. Er kann einen noch so hohen Rang haben. Er kann noch so weiß aussehen. Ich glaube, der Mensch war inwendig schwärzer, als man ihm ansah, sonst wäre er nicht auf solch einen Wahnsinn verfallen, nur weil den Negern etwas mißfiel. Es kam sonst zu keinem besonderen Zwischenfall. Nur einmal, als ein Verwalter auf seine alte Plantage ziehen wollte. Das Haus war gerade fertig eingerichtet. Wir hatten ihm zu seinem Schutz eine Abteilung Soldaten mitgegeben. Wie sie anrückten, wurden sie aus dem Haus mit Gewehren empfangen. Ich bin dann sofort mit einer Verstärkung heraufgeritten. Die Neger waren noch einmal ganz außer Rand und Band. Sie hatten schon unterwegs aus verschiedenen Löchern auf uns

geknallt. Die Bande war sicher von ihrem geheimen Häuptling angestachelt worden. Wir haben ihn dann selbst erwischt. Zerschossen, aber noch lebend. Wir haben ihn öffentlich absterben lassen, einen Ring um den Hals. Da hat er in einem eisernen Käfig gehangen wie ein verendender Vogel. Das Beispiel war nötig, um ein für allemal Schluß zu machen. Da sieht man, was dabei herauskommt, wenn man solche Gedanken wie Freiheit und Gleichheit in solche Köpfe pflanzt. Die Negerinnen waren womöglich noch schlimmer. Es gab eine kleine schwarze Teufelin in derselben Bande. Die haben wir erst...«
Boyer warf einen Blick auf seine Frau. Er brach ab, seine Augen lachten, sein Schwiegergroßvater kaute an seinem Schnurrbart.
Was er eigentlich hätte erzählen wollen. Das Sonderbarste an dieser Geschichte. Sie hätten damals die toten Neger auf einen Haufen geworfen. Da hätte plötzlich jemand geschrien, der ist ja weiß! Man soll sich nur ihr Erstaunen vorstellen. Ein einzelner weißer Mann in der ganzen schwarzen Masse. Soll man ihn herausziehen? Ihn gesondert begraben? Ach, Unsinn, hatte sein Freund gesagt, soll er die Auferstehung mit ihnen feiern. – Er hätte selbst den

Rapport nicht mehr miterlebt. Was war nur noch an jenem Tag geschehen? Abkommandiert? Wohin?
Die Schwiegergroßmutter klapperte mit den Nadeln. Sie ließ ihr Strickzeug nie in den Schoß sinken, weil sie nie derart erregt war. Ihr Nadelgeklapper brachte den Gast zu immer neuen Einfällen. Er fing auch gleich an, etwas von Toulon zu erzählen.
An Beauvais hätte sich nie mehr ein Mensch erinnert, wenn unter den Zuhörern nicht dieser Knabe gesessen hätte. Was er eben gehört hatte, regte ihn auf bis ins tiefe Herz. Ein Kommandant, der sein eigenes Fort in die Luft sprengt. Warum? Der Oberst hatte es selbst nicht gewußt. Er sprengt es ohne Befehl in die Luft, und selbst der Oberst weiß nicht warum. Es platzt und es dröhnt, und es hört nicht zu dröhnen auf, bis man den Grund versteht. Was aber den größten Eindruck auf den Knaben machte, das waren die letzten paar Sätze: der weiße Mann in dem Haufen von toten Negern. Der Knabe hörte nicht weiter zu. Er grübelte. Die Ahnung von einer ihm unbekannten Welt machte ihn frösteln. Das war eine Welt, die von seiner eigenen vertrauten wie durch einen Vorhang getrennt

war. Es gab also noch eine andere Welt. Dort wurde nach anderen Gesetzen gehandelt. Der fremde Mann hatte sein Leben für etwas geopfert, was nichts mit dem Ruhm zu tun hatte, von dem man hier las und sprach. Der Ruhm, der rundherum die jungen Leute berauschte. Der Ruhm aus Triumphbögen und aus Orden, der Ruhm aus Trommelwirbel und über den grabgesenkten Fahnen. Der Ruhm des fremden Mannes bestand nur aus einem Frösteln, das über den Rücken des Knaben rieselte.

Franz Kafka
Ein Bericht für eine Akademie
Forschungen eines Hundes

Band 9303

»Ein Bericht für eine Akademie, wie sich mein Leben verändert hat und wie es sich doch nicht verändert hat im Grunde« – diese Collage aus dem Titel der einen und dem Anfang der anderen Erzählung dieses Bandes weist auf ihre äußere, ihre erzähltechnische Gemeinsamkeit. In beiden berichtet ein Tier als ein Ich – ein Affe bzw. ein Hund – über sich selbst und seine Weltsicht, seine Wirkung auf die Menschen und seine Beobachtungen eben dieser Menschen.

Fischer Taschenbuch Verlag

Mark Twain
Der Mann, der Hadleyburg korrumpierte

Aus dem Amerikanischen von
Ana Maria Brock

Band 9317

Dies ist ein Lehrstück über die Korrumpierbarkeit der Menschen, durchgespielt am Beispiel der kleinen amerikanischen Stadt Hadleyburg, die sich auf ihren Ruf als weit und breit redlichste und rechtschaffenste Stadt mächtig viel zugute hält. Freilich ist sie dies nur so lange, wie dieser Ruf einer Erprobung nicht standhalten muß. Als aber ein Fremder, der einigen Grund hat, den Hadleyburgern einen Denkzettel zu verpassen, die Rechtschaffenheit der Bürger mittels eines Sackes Geld auf die Probe stellt, fällt einer nach dem anderen der Versuchung anheim. Gerade die den Sack am wenigsten nötig haben – die Hochmögenden, die Einflußreichen und Honoratioren – scheuen nicht Betrug noch Lüge, in seinen Besitz zu gelangen.

Fischer Taschenbuch Verlag

Anna Seghers

im Luchterhand Literaturverlag

»Wer irgend etwas wissen will von seiner, von unserer Geschichte, bei der Seghers kann er's finden, deutlicher als in den Lehrbüchern, näher, beklemmender.« *WDR*

Aufstand der Fischer von St. Barbara
und andere Erzählungen. SL 349

Der Ausflug der toten Mädchen
Erzählungen. SL 288

Crisanta
Das wirkliche Blau
Zwei Geschichten aus Mexiko
SL 386

Drei Frauen aus Haiti
SL 671.

Die Entscheidung
Roman. SL 577

Die Gefährten
Roman. SL 358

Der Kopflohn
Roman aus einem deutschen Dorf im Spätsommer 1932. SL 234

Die Kraft der Schwachen
Neun Erzählungen. SL 469

Die Rettung
Roman. SL 395

Das siebte Kreuz
Roman. SL 108

Sonderbare Begegungen
Erzählungen. SL 518

Steinzeit
Wiederbegegnung
SL 549

Die Toten bleiben jung
Roman. SL 304

Transit
Roman. SL 263

Überfahrt
Eine Liebesgeschichte. SL 442

Das Vertrauen
Roman. SL 624

Vierzig Jahre der Margarete Wolf und andere Erzählungen.
SL 443

Der Weg durch den Februar
Roman. SL 318

Ausgewählte Erzählungen
Hg. mit einem Nachwort
von Christa Wolf
372 Seiten. Gebunden

Transit
Sonderausgabe. Mit einem Vorwort
von Heinrich Böll
312 Seiten. Gebunden

Anna Seghers – Wieland Herzfelde
Gewöhnliches und gefährliches Leben
Ein Briefwechsel aus der Zeit des Exils 1939–1946
Mit Faksimiles, Fotos und dem Aufsatz *Frauen und Kinder in der Emigration* von Anna Seghers im Anhang.
204 Seiten. Gebunden